识干家

企業閱讀　學以致用

专业，系统，有效，实用的实战策略

向高层销售

与决策者有效打交道

贺兵一◎著

中华工商联合出版社

图书在版编目（CIP）数据

向高层销售：与决策者有效打交道/贺兵一著．—北京：中华工商联合出版社，2015.7

ISBN 978-7-5158-1364-6

Ⅰ．①向…　Ⅱ．①贺…　Ⅲ．①销售学—通俗读物　Ⅳ．①F713.3-49

中国版本图书馆 CIP 数据核字（2015）第 148168 号

向高层销售：与决策者有效打交道

作　　者：贺兵一
责任编辑：于建廷　王　欢
责任审读：郭敬梅
封面设计：久品轩设计
责任印制：迈致红
出版发行：中华工商联合出版社有限责任公司
印　　刷：三河市文阁印刷有限公司
版　　次：2015 年 9 月第 1 版
印　　次：2015 年 9 月第 1 次印刷
开　　本：710mm×1000mm　1/16
字　　数：200 千字
印　　张：13.25
书　　号：ISBN 978-7-5158-1364-6
定　　价：49.80 元

服务热线：010-58301130
团购热线：010-58302813
地址邮编：北京市西城区西环广场 A 座 19-20 层，100044
http://www.chgslcbs.cn
E-mail：cicap1202@sina.com（营销中心）
E-mail：gslzbs@sina.com（总编室）

凡本社图书出现印装质量问题，请与印务部联系。
联系电话：010-58302915

博瑞森图书：企业阅读　本土实践

亲爱的读者朋友：

也许您是博瑞森图书的老读者，也许是新朋友，欢迎您阅读博瑞森图书！

当今中国，各行各业都存在着转型升级的压力与机遇。博瑞森图书与您一同应对转型挑战并发现其带来的机遇。

我们一直在问：什么样的书能为您解决管理难题并带来启发？

我们一直在找：哪些作品能帮助企业从跟随到领先？

我们一直在做：把最好的作品以最便捷的方式呈现给您，纸质版、电子版、书摘邮件、微信……

我们策划图书的原则是：

- 企业阅读——与您一样，做水中的游泳者，而非岸上的观众或教练，企业的困惑就是我们的任务。
- 本土实践——与您一样，立足本土环境，追求卓越实践，传播最适合当下中国企业的管理之道。

我们也向所有的企业管理者、管理咨询专家和企业研究者征稿，让更多被实践检验的好思想、好方法迸发出来，为企业助力！（bookgood@126.com 或 QQ：1963328416 或手机号（微信号）13611149991，绝非“自费出书”，不向作者收取任何费用）

如果有一天，您把博瑞森图书视为您优秀的事业伙伴、管理助手，我们也就实现了自己的梦想。

博瑞森图书

自 序

本书是专门为希望有效地与客户高层打交道的销售人员而写的。

在产品与服务同质化速度越来越快的今天，要想在产品与服务上做出差异化并保持优势，往往不太容易。所以，销售人员本身必须成为差异化的一部分。如果销售人员能够有效地与客户高层打交道，将使公司具有非常明显的竞争优势。然而，很多销售人员对如何有效地与客户高层打交道缺乏必要的知识与技巧，想当然地用与客户一般人员打交道的方法与客户高层打交道，出现问题比比皆是。市场上似乎也缺乏专门针对这方面问题的培训和书籍。

2010 年，在思考自己的主打课程时，我发现自己具有满足这方面需求的优势。因为我既有与客户高层打交道的实际销售工作经验，也有担任高层管理者的经验；既了解销售人员，也了解客户高层。所以，我开发了《如何有效地与客户高层打交道》版权课程，旨在帮助销售人员掌握与客户高层打交道的策略与技巧。经过几年不断地补充、修改，课程内容更加系统、完善，因此有了写书的想法，在博瑞森图书的帮助下完成了此书。

本书主要从两个方面撰写。

第一，对于与客户高层打交道的认识，即销售人员要有效地与客户高层打交道需要掌握的知识。主要内容涉及销售人员与客户高层打交道存在的问题分析、客户高层的特点、客户高层做采购决定时的思考模式分析、与客户高层打交道的原则、为客户高层创造价值的内涵、建立客户高层对销售人员信任的内涵，等等。

第二，与客户高层打交道需要掌握的实战技巧。根据与客户高层打交道的流程撰写，包括一系列的概念、流程、工具和案例。主要内容涉及与客户高层打交道策划、如何与客户高层接洽、如何与客户高层有效地进行第一次面谈、如何与客户高层建立关系、如何让客户高层做决定顺理成章、如何与客户高层保持关系。

表 1 是销售人员与客户高层打交道的整体框架指引，有助销售人员完整、全面地理解有关内容。

表 1　与客户高层打交道指引

<table>
<tr><th colspan="3">项　目</th><th>内容/做法</th></tr>
<tr><td rowspan="5">分析</td><td colspan="2">客户高层特点</td><td></td></tr>
<tr><td rowspan="3">对客户高层有价值的事项</td><td>客户高层所面临的问题</td><td></td></tr>
<tr><td>客户高层感兴趣的事</td><td></td></tr>
<tr><td>采购流程</td><td></td></tr>
<tr><td colspan="2">销售人员自身的优势</td><td></td></tr>
<tr><td rowspan="5">具体行动</td><td colspan="2">与客户高层接洽</td><td></td></tr>
<tr><td colspan="2">与客户高层第一次面谈</td><td></td></tr>
<tr><td colspan="2">与客户高层建立关系</td><td></td></tr>
<tr><td colspan="2">让客户高层做采购决定顺理成章</td><td></td></tr>
<tr><td colspan="2">与客户高层保持关系</td><td></td></tr>
</table>

本书将使你以一个更高的、专业的认识水平与客户高层打交道，提高与之打交道的信心、效率与质量。

感谢：

我的老师彭炳镛先生、陈秀娟女士，他们的专业精神与能力，影响了我对培训的看法；以前的老板黄金财先生、成欣欣女士，他们对事业的执着，影响了我对工作的态度；还要感谢以前的同事，现任广州德扬企业管理顾问有限公司总经理、国学专家崔建伟先生，他对本书给予了很多有益的建议；王险峰女士关于高层思考问题方式的观点，何艳芳女士关于建立模型的看法，让我深受启发；企业管理培训专家徐海浪先生给予了我很多鼓励，让我坚持完成本书。我更要感谢博瑞森图书的张本心总经理，他搭建的平台让本书得以出版。最后，我要将最重要的感谢送给博瑞森图书李俊丽编辑，她是一个充满敬业精神和责任心的人，是她发现了本书的价值，鼓励我写出来，并且花费了大量精力对本书进行修改、编辑。她的专业态度和水平让我佩服，没有她，本书不会这么快出版。

贺兵一

2015 年 5 月 12 日于广州

目录 Contents

第四章　与客户高层打交道策划

第五章　如何与客户高层接洽

第六章　如何有效地进行第一次面谈

第七章　如何与客户高层建立关系

第八章　如何让客户高层做决定顺理成章

第九章　如何与客户高层保持关系

第十章　与客户高层打交道更有效

附　录　计算客户获得收益模型

第一章

Chapter 1

为什么销售人员与客户高层打交道很难

一、一个销售人员的烦恼

最近，张威感到压力很大，原因是接到了新来的经理王浩的一个电话。

张威是一个销售人员，在一家生产计量检测仪器的公司工作，负责向发动机生产厂及发动机零配件生产厂销售产品。张威做销售工作已经3年多了，在这家公司工作超过了10个月。新来的经理王浩刚来公司工作2个月。上周，王浩给张威打电话说："为了了解你所负责区域的销售情况，我准备两周后到你的区域看看，想去拜访一家发动机生产厂——雷沃发动机公司主管生产的常务副厂长，请你做好安排。"

接到电话后，张威心情顿时沉重起来。雷沃发动机公司是自己的重点客户，但是还没有将产品销售出去。张威只跟雷沃发动机公司的采购部、技术部及生产部的有关人员打过交道，职位最高的是技术部经理马凯，却从没有跟这些部门的主管、常务副厂长——李厂长接触过，甚至还不知道李厂长的名字。他偶尔也想过最好拜访一下这位李厂长，但一想到李厂长那么忙、如何见到李厂长、见了面又该谈些什么，以及技术部经理马凯会不会有意见等问题，自己就放弃了这个念头。

他当然明白经理王浩的意思，说是去拜访，其实是检查自己的销售工作及对所负责的客户的掌控能力。到公司后，销售局面还没有打开，他的业绩一直不好，还有2个月在公司工作就满1年了，他面临着续职考核问题。想到这些，他的心情愈发沉重。

注：本书会多次用到这个案例，因此，相关内容介绍如下：

张威：双元仪器公司销售工程师，他的上司是销售经理王浩。雷沃发动机公司是张威的大客户。

李涛：雷沃发动机公司主管生产的常务副厂长，对张威所销售的产品有决定权。

马凯：李涛的下属，技术部经理。

赵明：张威的朋友，张威称他为“阿明”。赵明与李涛是大学同学，关系不错。

福瑞发动机厂：雷沃发动机公司的竞争对手。

上面的故事听起来很熟悉吗？

如果你问销售人员：“与客户的什么人员打交道最难？”相信绝大多数答案是与客户高层打交道最难。确实，不能有效地与客户高层打交道，是导致销售人员产生压力和挫败感的一个主要原因。为什么会这样呢？

二、什么是客户高层

所谓客户高层，是指对采购拥有决定权，或者是能够影响采购决定的人。他们是“首席级”或者“副总级”管理层：首席运营官、首席财务官、主管生产副总、主管销售副总等，或者就是公司的最高决策者：总经理或 CEO。而销售人员通常是与客户的基层、中层人员打交道，他们没有采购决定权，本书将他们统称为客户一般人员。如图 1－1 所示。

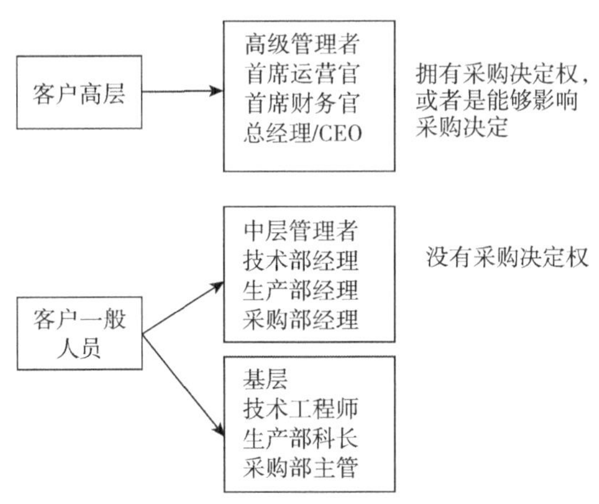

图 1－1　公司层级图

三、与客户高层打交道难的原因

销售人员与客户高层打交道难的原因如图 1－2 所示。

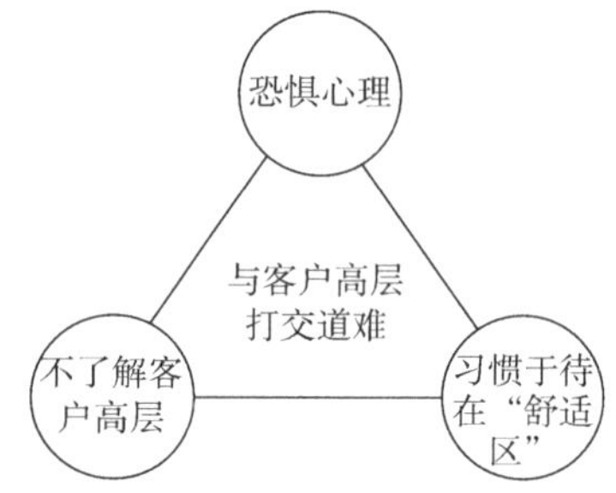

图 1－2　与客户高层打交道难的原因

（一）恐惧心理

在做培训调查时，对于“你认为与客户高层打交道难的原因是什么”的问题，销售人员的回答归纳如下：

第一，销售人员与客户的关系是乙方与甲方的关系。作为卖方，销售人员在心理上处于劣势。而客户高层位高权重，掌握着采购的决定权，更“强势”一些。因此，销售人员觉得与之打交道压力很大。

第二，客户高层一般很忙，见他们比见客户一般人员难得多。

第三，如果与客户高层打交道不顺利，对销售的影响非常大。对“成功率”的要求，使销售人员感觉与之打交道很难。

这些与客户高层打交道的看法导致销售人员产生了恐惧心理，他们与客户高层面谈时很紧张，严重时甚至胃也会抽搐、说话结结巴巴，表现欠佳，进而增加打交道的难度。

（二）习惯于待在“舒适区”

人们习惯于待在自己的“舒适区”。喜欢与对自己友善、随和的人相处，跟他们打交道，自己感到很舒适。销售人员的表现是：他们通常会致电客户公司里无权做出购买决定的一般人员，如技术部、生产部人员，在他们身上投入大量时间、精力，而不愿意与客户高层打交道。这就是通常所说的“销售层级过低”。客户一般人员很喜欢和销售人员聊天，以便免费了解最新技术与产品信息，他们也会说销售人员喜欢听的话。与他们打交道，销售人员感到很舒适。而与客户一般人员相比，客户高层要严肃、挑剔很多。与客户高层打交道，已经超过了销售人员所处的“舒适区”。

什么是舒适区？

舒适区也就是心理舒适区，是指人们习惯的一种心理模式；人们的习惯、观念、行为方式、思维方式和心理定式等，形成了人们的舒适区。在舒适区，人们处于心理安全的状态，感到舒适。如果人们的行为超出了舒适区，就会感到不安全、焦虑，甚至恐惧。

在舒适区内做事，驾轻就熟，效率高。但如果一个人总待在一个舒适区，也说明他安于现状、不思进取，舒适区也就成了成功的制动阀。所以，如果你制定了新的目标，想进步，就需要突破，走出现在的舒适区，进入新的舒适区。

（三）不了解客户高层

销售人员一般没有担任公司高层管理者的经验，不了解高层管理者的工作情境。具体表现如下：

■ 不了解他们的职责、所面临的压力、关心的重点、什么对他们有价值。

■ 不了解他们思考问题、解决问题及做决定的方式。

■ 不了解他们谈论问题、说话的方式。

■ 不了解他们的工作节奏、时间安排。

■ 不了解他们对销售人员的期望。

■ 不了解他们担忧什么。

……

总之，不了解客户高层的所思所想、做事方式，会出现两个问题。

（1）销售人员与客户高层没有共同语言。如销售人员谈的是性能和价格，客户高层关心的是价值和利润；销售人员谈的是同类供货商，客户高层关心的是竞争对手；销售人员考虑客户高层什么时候才会做购买决定，而客户高层在想如何才能让销售人员不烦自己。

（2）销售人员的做事方式与客户高层的做事方式不匹配。如客户高层做决定要对各种因素进行综合考虑，因此，一般不会当面答应购买；而销售人员通常希望在与客户高层面谈时，客户高层能够立即答应购买，因而会使用一些促成客户高层做决定的技巧，结果给他造成压力，影响他对销售人员的信任。这样就对销售成功造成了负面影响。

因为对客户高层工作情境的不了解，销售人员在与之打交道时，就不可能使用正确、有效的策略和方法，导致打交道的效果不好。

什么是工作情境？

工作情境是指人们工作时的一种境况，它与工作内容、工作职责、工作职位、工作环境等有关。不同的工作情境，导致人们有不同的思维方式、说话方式、看问题的角度、关注重点、工作方式等。

人们更愿意与熟悉、了解自己工作情境的人打交道，这些人也更容易沟通。例如，一位销售人员跟客户高层面谈时，感觉谈话不自然、不顺利，抓不住要点。但如果他跟一位销售人员谈话，即使他们的行业不同，也会自然、顺利地进行谈话，能够抓住要点。为什么？因为他们彼此了解对方的工作情境。

四、销售人员的常见问题

很多销售人员因为缺乏与客户高层打交道的经验，在与客户高层打交道时存在以下问题：

■ 缺乏信心。

■ 认为比客户高层“低一等”。

■ 压力很大。

■ 与客户高层打交道的整体效果不好。

■ 没有打交道策略，如果有，策略的水平、层次很低。

■ 不知道如何取得客户高层的信任，拉近与他们的关系。

■ 不知道如何发挥自己的优势。

■ 只是一味地与客户高层拉关系，讨好他们。

■ 表现不稳定，时好时坏；遇到对“频率”的就表现好，不对“频率”就表现差。

更具体的问题体现在：

■ 不知道如何分析客户高层。

■ 不知道如何与客户高层接洽。

■ 不知道如何与客户高层面谈，想见客户高层，又怕跟他们面谈。

■ 不清楚怎样与客户高层建立关系。

■ 不清楚怎样让客户高层做倾向于自己的采购决定。

■ 不清楚怎样保持和发展与客户高层的关系。

……

分析存在的问题，可归纳为信心、战略、战术三个层面的问题。如图 1－3 所示。

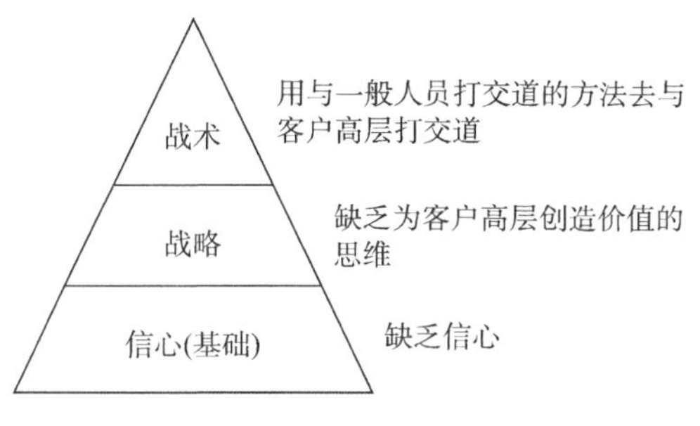

图1－3　销售人员常见问题

（一）缺乏信心

恐惧心理导致销售人员缺乏信心，这是最致命的问题。

与客户高层打交道通常不是一帆风顺，会遇到许多障碍、困难。此时，信心就是最关键的因素。如果没有信心，你就会放弃，失去原本可以成功的机会。

（二）缺乏为客户高层创造价值的思维

缺乏为客户高层创造价值的思维，是销售人员在战略上出现的问题。

在竞争越来越激烈的今天，客户高层都背负着许多问题和责任，压力越来越大。如果他们觉得销售人员不能带给自己价值，是在浪费自己宝贵的时间，那么他们会变得紧张和反感，就不愿意与其打交道。于是，一个很有意思的现象出现了，销售人员想方设法地接近客户高层，而客户高层却在为销售人员设置障碍；销售人员尽力推销，而客户高层用力拒绝。这就是所谓的“乙方与甲方紧张关系”的状态。

普通的销售人员总想着“我能从客户高层那儿得到什么好处?”而优秀的销售人员想的是“我能带给客户高层什么好处?”“我能带

给客户高层什么帮助?”“我能为客户高层创造什么价值?”而当客户高层认识到销售人员是在帮助他解决问题、为他创造价值时，他就会对销售人员持欢迎态度，与销售人员一起努力，而不是拒绝。他会很乐意与销售人员打交道，指派下属与销售人员面谈、讨论问题，为销售打开局面。

（三）用与一般人员打交道的方法与客户高层打交道

销售人员在战术上出现的问题是用与一般人员打交道的方法与客户高层打交道。

由于对与客户高层打交道的特殊性不了解，以及缺乏必要的训练，销售人员习惯性地用与客户一般人员打交道的方法与客户高层打交道。然而，客户高层与客户一般人员不同，那些对客户一般人员有效的策略、方法和技巧，对客户高层不仅没有用，多数情况下还起反作用。例如，向客户技术工程师介绍产品的性能、特色，他们会很感兴趣。但对客户高层也介绍这些，他们就不感兴趣，觉得在浪费他们的时间。

客户高层与客户一般人员的比较，如表 1 - 1 所示。

表 1 - 1　客户高层与客户一般人员的比较

项目	客户一般人员	客户高层
采购决定权	没有	有
承担责任	小	大
关注点	产品的性能 价格（注：采购关注）	能解决的问题，创造的价值
考虑因素（是否使用销售人员所销售的产品）	简单	复杂
时间	充裕	紧张

续表

项目	客户一般人员	客户高层
谈话语言	与职位相符的语言（如工程师喜欢用技术术语，采购员用采购语言）	高层管理者语言
对于面谈要求	不高	高
见面难易度	容易	难
与销售人员打交道意愿	高	低
对销售人员专业程度要求	不高（相对于客户高层来说不高，但实际上还是有要求的，并且也“高”）	高

从表 1－1 可以看出，客户高层与客户一般人员的不同是很明显的。因此，与他们打交道的方法也是不一样的。

客户高层为什么不尊重销售人员？

请想一下：你用与一般人员打交道的方法与客户高层打交道，是什么意思？用对待一般人员的方法对待他们，这是对他们的尊重吗？

例如，客户高层时间很紧，你却用跟一般人员闲聊的方式跟他面谈。虽然表面上你的态度很好，好像很尊重他。但无意义的闲聊实质上是不尊重他，表面上的尊重又有何用？

所以，客户高层不尊重销售人员，实际上是由销售人员首先不尊重客户高层引起的。

那么，用什么方法才能有效地与客户高层打交道？这正是本书所要讨论的内容。本书就是帮助销售人员了解客户高层的所思所想，采用专业、有效的方法与客户高层打交道，避免常见的错误、增加销售活动的价值，从而在竞争中取胜。

五、什么是与客户高层打交道

（一）与客户高层打交道不是拉关系

在实际销售工作中，很多销售人员将与客户高层打交道看成与他们拉关系、向他们行贿、把他们“搞定”的过程，在这个过程中，他们使用推销诡计等比较低劣的手段。这不但是很低级的，而且是很愚蠢的做法。这些做法存在以下问题：

（1）隐性成本很大。

首先，这是违法的，将受到法律的制裁，害了自己也害了客户高层。即使侥幸没有被发现，自己的心理负担也会很重，除了整天提心吊胆，良心也会不安。

其次，客户高层即使收了礼、受了贿，他也不会尊重、信任这样的销售人员。所以，他会对这样的销售人员呼来唤去，没有丝毫的尊重之意。现实中，不是经常有销售人员说：“自己的工作毫无尊严、快乐可言。”

最后，这样做会产生超额的成本。与客户高层拉关系，要吃饭、送礼，行贿要给回扣；通常这些接受贿赂的人是贪得无厌的，会越要越多，变着法子要钱，如他请人吃饭叫销售人员埋单，他要去哪里叫销售人员开车接送，等等。现实中，不是经常有小老板说：“赚的那点利润全给客户了，还不如不做。”

（2）不利于提高自己与客户高层打交道的专业能力。

靠着拉关系、行贿与客户高层打交道，不考虑、学习如何专业地、有效地与客户高层打交道，当然，这方面的能力也不会得到提升。

（3）越来越没有存在空间。

随着市场越来越法制化，企业监管越来越严，靠拉关系、行贿与客户高层打交道将会越来越困难、越来越没有存在空间。

（二）与客户高层打交道是什么

一旦你决定与客户高层打交道，你就得知道怎么做才能成功。那么，你必须清楚什么是专业的、有效的与客户高层打交道的定义。

本书对与客户高层打交道的定义是：以为客户高层创造价值的态度，采用与客户高层特点相适应的方式，赢得客户高层的信任，进而推进销售工作。

主要包括六个关键方面，即拜访客户高层前进行分析与规划、如何与客户高层接洽、如何与客户高层有效地进行第一次面谈、如何与客户高层建立关系、如何让客户高层做决定顺理成章、如何与客户高层保持关系。

（三）为什么是"打交道"，而不是"销售"

说到底，销售人员与客户高层打交道最终还是要将产品或服务卖给客户。许多书谈到向客户高层、决策者销售，它们的重点放在"销售"上，或者简单地说是放在销售面谈上，通过某种方式打动客户高层，达到销售的目的，却忽视了三个关键的因素。

（1）客户高层的决定一般不是当场做出的。他做决定需要遵循一定的流程，需要听取下属的意见。著名销售大师尼尔·雷克汉姆认为，面向公司的销售实际上是在公司内部进行的。所以，所谓的向客户高层销售，只是影响他做决定的一个因素。

（2）要客户高层决定购买你的产品或服务，就需要赢得他的信任。需要客户高层做决定的一般都是金额大、对公司影响大的采购，他做决定是要承担责任、压力与风险的，所以，客户高层对销售人员的信任是至关重要的。而建立信任的难度也要大很多，需要一个过程。单靠一次面谈，通常无法建立起这样的信任。

（3）通常需要客户高层做决定的销售需要跟踪较长时间，几个月很正常，长的可能需要用“年”来计算。

销售人员必须具有与客户高层创建关系的能力，即在业务开展过程中能够与客户高层建立关系、形成关系。从没有关系到建立良好的关系，需要“打交道”而不是“销售”。

第二章

Chapter 2

像客户高层一样思考

客户高层作为高层管理者，有哪些特性？他们关心什么？是怎样思考问题、做决定的？这些特性也必然会影响销售人员的销售活动。

一、客户高层的特点

（一）位高权重

与公司一般人员相比，客户高层最显而易见的特点就是职位高、有决定权。很多销售人员就是因为这个原因想跟客户高层打交道，又害怕与之打交道。

（二）控制风险

因为客户高层有决定权，所以，他要对所做决定的结果负责，要对做这个决定所带来的风险进行考虑、评估。要控制风险，主要体现在两个方面。

一是要考虑这个决定对公司，或者对自己所负责业务的影响。

二是个人工作风险。客户高层对于个人工作风险的重视程度远高于多数销售人员所能理解的程度。在做采购决定时，客户高层要考虑这个决定对自己工作前途、稳定性等方面的影响。如果他做出了错误的采购决定，就有可能被降职，甚至被开除。因此，他承担不了犯错的代价。销售专家凯斯·M. 依迪斯（Keith M. Eades）曾经说了一个案例——为什么最终选择了IBM。

我认识一位退休的首席执行官，他领导的银行曾一度因成长过快而导致电脑系统性能滞后。于是，他开始寻找和考察主机系统供应商。该银行请来4家供应商进行比价，其中一家是IBM。等到所有评估工作告一段落，由这名首席执行官领军的采购委员会将IBM评为第三位。

不过，这位首席执行官开始做噩梦，噩梦内容总是相同的：他梦到许许多多的钞票。只是梦中的钞票全部都长了脚，每当他想要伸手抓住时，它们就纷纷跑走了。然后，他便在梦中惊醒。最后，他开始胡思乱想，如果现在选出排名第一位的供应商突然倒闭关门，或者重要技术人员跳槽，那么会发生什么事呢？

总而言之，IBM最后获得了这笔生意，不是因为价格最便宜，也不是因为技术最佳，而是与风险管理有关。对这位故事中的首席执行官而言，最有价值的仍是个人的工作风险管理。

（三）看重投资收益

看重投资收益，是由高层管理者的工作职责决定的。高层管理者的职责就是赢利，利润是对他们进行考核的最主要的指标之一。

（四）对经营目标的词汇很敏感，喜欢用数据说话

客户高层的职责跟公司的经营目标有关。在他的日常工作中，要撰写报告、看报表，经常会使用与经营目标有关的词汇。而对经营结果的评估，多数情况下是用数据来衡量的。

客户高层经常使用的词汇：

投资回报率、缩短投资周期、增加收益、提高利润率、提高资产利用率，快速回笼资金、降低应收账款、延长应付账款时间、加快资金周转，提升销售额、提高市场占有率、缩短销售周期、提升单位客户的销售额，降低成本、降低单位成本、降低消耗、减少库存、降低采购成本、减少无用时间、减少人员、减少直接的员工成本、减轻劳动强度，减少售后服务成本、延长使用时间、缩短反应时间、提高客户满意度，提高安全系数、提高反应速度、防止潜在事故发生、消除问题重复发生、改善作业环境，改善工作流程、减少中间环节、掌握员工工作状

态，提高员工效率、减少员工流失率、减少职业病的发生、提高员工满意度……

（五）喜欢控制

客户高层肩负着管理公司、负责业务的职责，对所做的决定、事项进行控制，是他们的基本行为方式之一。

（六）压力大

客户高层表面“风光无限”的背后是巨大的压力。

（七）忙，还是忙

高层管理者要统管全局，有大量的事情需要操心、处理，几个人同时等着与他面谈的情况司空见惯。

（八）竞争对手也重视

客户高层掌握着采购的决定权，作为销售人员，你肯定重视他们，但请记住，你的竞争对手也一定会重视的。

了解客户高层的这些特性，能让销售人员理解客户高层看问题的角度及行事方式，进而能让销售人员透过客户高层的视角，相对准确地看到自己努力的方向，以符合客户高层特性的方式与之打交道。

二、客户高层做决定的思考模式分析

经常有学员问我，客户高层在做决定时，到底是怎么想的？是的，如果能清楚客户高层在做采购决定时考虑哪些因素，销售人员就知道该做哪些事了。从客户高层的工作职责，以及上述分析的客户高层特点，你应该能够感觉到他们做决定时考虑的因素，绝不仅限于所要采购的产品或服务本身，而要复杂、深刻得多。

那么，就让我们分析一下客户高层做采购决定时的思考模式，看看他们考虑哪些因素。为了便于理解，我们用客户一般人员做“成交”决定时的考虑因素，与客户高层做采购决定时考虑的因素做对比。如图2－1、图2－2所示。

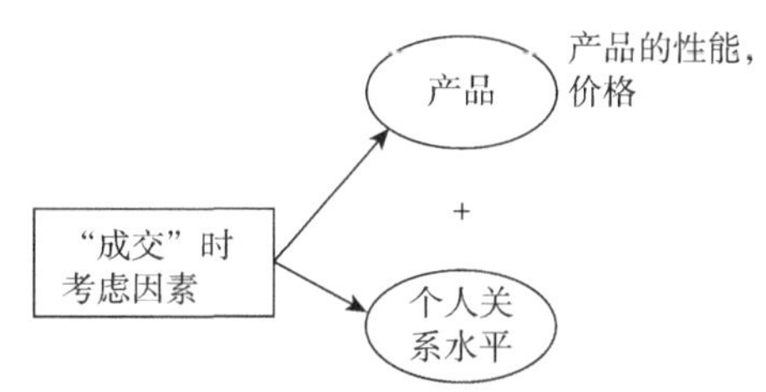

图2－1　做“成交”决定时，客户一般人员的思考模式

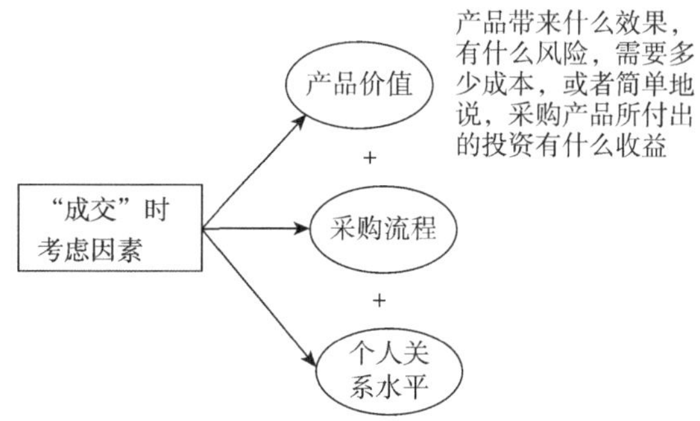

图2－2　做“成交”决定时，客户高层的思考模式

（一）因素1：产品价值

产品价值＝收益－成本－风险。

产品能够带给公司收益，这是客户高层决定采购销售人员所销售产品的根本原因。因为采购需要花钱，用客户高层的语言表述就是成本、投资，高层管理者的职责是考虑投资的效果。因此，与客户关心产品性价比、技术工程师关心产品性能不同，客户高层关心产品能够给自己的公司创造什么收益、有什么风险（因为风险会造成收益下降，使用产品后造成事故、造成损失，收益就减少了），如降低多少成本、增加多少利润、提高多少生产率、解决什么问题、会有什么潜在风险，等等。

当然，客户高层考虑的收益与风险，也包括对于他自己的收益与风险。因为，如果产品给公司带来好的收益，表明这是一个正确的决定，会对他本人的工作能力、工作声誉等带来好处，即给他自己带来了收益。反之，就给他自己带来了负面的收益，或者风险。

（二）因素2：采购流程

客户高层做采购决定时，一般不清楚所采购产品的具体细节内容，而是由下属的技术、采购等部门负责。于是，公司就通过采购流程保证采购决定的正确性，同时也减少客户高层做决定的压力、风险。

所以，采购过程是否符合流程，成为客户高层必须要考虑的因素。

（三）因素3：个人关系

一般来说，需要客户高层做的采购决定都是大的、重要的采购决定，涉及公司的重大利益，此时，个人关系因素必然不是考虑的重点，但良好的个人关系是一块敲门砖，用于帮助销售人员推进销售工作。

培训中经常有学员问：“有没有仅凭个人关系，客户高层就决定采购销售人员所销售的产品?”答案是，在极端的情况下有可能。例如，客户高层与销售人员有血缘关系，如客户高层是销售人员的父亲；销售人员的家人曾经给予过客户高层很大的帮助，他一直想报恩。但这已经超出了我们所说的销售人员与客户高层的关系。

第三章

Chapter 3

与客户高层打交道的原则

本章所讨论的与客户高层打交道的原则，是在分析、总结成功的销售人员做法上形成的，是有效地与客户高层打交道的基础。遵循这些原则，你将会发现，它不仅提升了打交道的效果，还改变了销售人员与客户高层的关系。

一、与客户高层平等

图 3－1 里的两个人物，你认为哪个是客户高层，哪个是销售人员？

图 3－1　哪个是客户高层，哪个是销售人员

销售专家凯斯·M. 依迪斯曾经用类似的图片进行调查，问销售人员哪个是客户，哪个是销售人员？结果，绝大多数人说大的是客户，小的是销售人员。我用这幅图在培训课中进行调查，几乎 100% 的人认为大的是客户高层，小的是销售人员。如果是这样的看法，怎么能与客户高层打好交道？

与客户高层平等，是打好交道的前提，是信心的体现。

二、为客户高层创造价值

为客户高层创造价值的原则，要求销售人员以客户高层为中心，通过换位思考，站在他的角度来审视他的需求，并通过满足这些需求为他创造价值。例如，产品价值是客户高层决定采购的根本原因，但要站在他的角度去“销售”，如降低多少成本、增加多少利润、提高多少生产率、解决什么问题等，而不是销售产品的性价比。

对客户高层有价值的事情如下：

（1）产品的价值。

（2）采购符合流程。采购符合流程，能够减轻客户高层做决定的压力，相当于为他创造了价值。

（3）对销售人员及销售人员的公司、产品的信任。增加这些信任，有助于减少客户高层做决定的压力。

（4）获得想要或者是感兴趣的信息。

（5）节省时间。

（6）平衡与其他供应商的关系。除非客户与供应商签订了战略合作协议，一般情况下，客户希望不止拥有一家供应商。

（7）不要有被推销的感觉。当然，这不但是对客户高层，对所有人都一样。

（8）私人的帮助。但要注意，不要把对客户高层私人的帮助变成送礼、行贿。

三、建立客户高层对销售人员的信任

第一，要了解信任的内涵，即客户高层信任销售人员什么。

客户高层对销售人员的信任，体现在两个方面，如表 3－1 所示。

表 3－1　客户高层对销售人员的信任表现

项目	内容
人际关系中取得信任因素	诚实 守信 沟通能力（即要与对方良好地沟通） 专业形象 ……
对客户高层有价值的因素或事项	产品价值 做采购决定没有压力，即要使采购符合流程 关于问题的本质信息，即什么原因导致出现问题 问题的潜在影响 行业信息 不浪费客户高层的时间

第二，要明白客户高层对销售人员的信任是一个逐步积累、提升的过程。

如图 3－2 所示，在客户高层没有与销售人员打交道之前，他对于销售人员的信任就无从谈起，信任度就是 0；通过与销售人员打交道，逐步积累、提升他对销售人员的信任，直至达到成交时所需要的信任度 100（假设此时的信任度为 100），客户高层才会决定采购销售人员所销售的产品。所以，销售人员与客户高层打交道的过程，实际上就是加深客户高层对销售人员信任的过程。

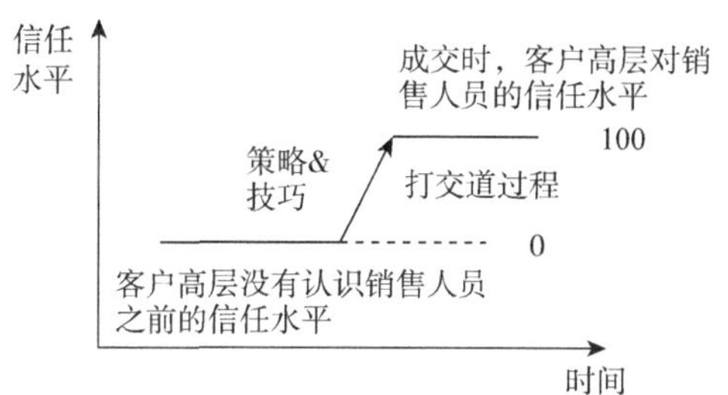

图 3－2　客户高层对销售人员信任的建立示意图

第三，要抓住关键的事情、关键的时刻。

与客户高层打交道涉及的因素很多，通常时间也长，很难面面俱到。应该如何做呢？答案就是抓住关键的因素。2002 年度的诺贝尔奖得主，心理学家丹尼尔·卡恩曼（Daniel Kahneman）经过深入研究发现的"峰终定律"也证实了这一点，他发现人们对体验的记忆主要取决于两个因素，即事情的强度及它发生的时刻。

通常强度大的事情，也是人们认为对自己有重要价值的、关键的事情。如果研究那些优秀的销售人员的做法，你就会发现，他们并不是面面俱到，而是在对客户高层有重要价值的关键事情上、在关键时刻做好。

对客户高层有重要价值的关键事情，就是那些影响他做采购决定的事情。

■ 产品价值。

■ 采购流程。

■ 现在面临问题的原因及可能引起的潜在影响。

■ 销售人员向他承诺的事情。

与客户高层打交道的关键时刻，主要发生在与客户高层接洽、第一次面谈、售后服务，以及在与客户高层打交道过程中，关键事情发生的时刻。

四、不要让客户高层感觉有压力

很多销售人员与客户高层打交道时让对方感觉有压力。因此，销售人员要做的重要事情之一就是消除他的压力感。

哪些事情或者做法会让客户高层感觉有压力呢？分析如下：

（1）被推销。想想看，如果你去商场而被销售人员推销，你会有什么感觉？你会感觉有压力，会抗拒。同理，如果客户高层感觉被推销，他也会有同样的感受，从而不愿意与销售人员打交道。而从客户高层的特点可以看出，他们更倾向于控制，而不是顺从。

（2）只是与客户高层拉关系。人际交往时，拉近与对方的关系对双方交往的顺利程度、双方彼此的信任有一定程度的帮助，但如果拉关系只是为了达到一方的某种目的，如推销产品，那么另一方就会考虑是否要对这种关系做出回应，即是否要购买这种产品，这就使另一方有压力，特别是在另一方不了解产品对自己的价值和好处，而自己又要为此付出很多的代价或金钱，甚至承担很多责任的情况下，这种压力感就会更大。

客户高层对这种情况当然会有压力，会排斥销售人员。反过来说，销售人员要与他们打交道就更困难了，压力也就更大了。所以，只是与客户高层拉关系，而不为他们创造价值，是一种低级的与客户高层打交道的方法。

（3）浪费客户高层的时间。时间对客户高层来说是最宝贵的，如果不能带来价值，而是浪费时间，那么，就不只是给他们造成压力了，甚至会使他们愤怒。

五、让客户高层做采购决定顺理成章

让客户高层做采购决定顺理成章的原则，要求销售人员在销售过程中，除了要与客户高层打交道外，还要做他下属的工作，即“走采购流程”，要变成做采购决定是下属的意见，最后顺理成章，客户高层轻松地同意就行了。

很多销售人员所犯的错误就是，以为认识了客户高层，有了关系，客户高层认可自己就行了，就不必做他下属的工作，“简单地”请他帮助即可。其实，这是请客户高层全部搞定。这意味着让客户高层不遵守采购流程，强行决定；或者让客户高层做下属的工作——这原本是由销售人员做的工作，即使他愿意做，也违反了工作程序。最后通常是客户高层“什么也不搞定”——没有采购销售人员所销售的产品。

六、控制销售流程

控制销售流程包含三个方面的含义：

（1）销售人员要遵守与客户高层打交道的流程，有系统、有计划地按照打交道流程推进销售进程。与客户高层打交道要取得期望的结果，销售人员就必须具备这种能力。

（2）销售人员应该控制销售流程，而不是客户高层控制销售流程。

（3）销售人员是通过控制销售流程，而不是控制客户高层的行为或最后的决策，让客户高层在没有压力的情况下，顺理成章地决定采购销售人员所销售的产品。

（一）为什么需要控制打交道流程

（1）与客户高层打交道活动变数太多，必须遵守一定的流程，销售活动才能顺利开展。很多销售人员与客户高层打交道出现问题的原因就是没有流程意识，不能遵守销售流程。最突出的表现就是，在跟客户高层第一次面谈时就想要他（当场）承诺成交。很多的书、培训也是这么教销售人员的，但通常情况下，这样做不但不会成功，还会起反作用。因为在客户高层对销售人员的信任达不到100分的情况下，他是不会做采购决定的，而客户高层对销售人员信任的建立是需要一个过程的。

（2）客户高层是不会主动向销售人员提出购买产品或服务的。因此，他不关心销售进展，即使想关心也没有时间和精力。当然，应该由销售人员控制销售流程，而不是由客户高层控制。

（3）最根本的原因，如前面分析的，销售人员在与客户高层打交道时，原则之一是要让客户高层没有压力，而客户高层不关心销售进展，销售人员又要推进销售，两者之间似乎有矛盾，如何解决矛盾呢？答案就是遵守销售流程，让客户高层在没有压力的情况下，做出采购销售人员所销售的产品的决定。

（二）与客户高层打交道具体流程

从定义上看，所谓流程，就是一连串系统化的行动，或者是为达到某一结果而采取的一连串明确的、可重复的步骤。若能遵守这些步骤，便能逐步达到预期的结果；重复遵守这些步骤，就能提高生产效率。

与客户高层打交道流程如图 3－3 所示。

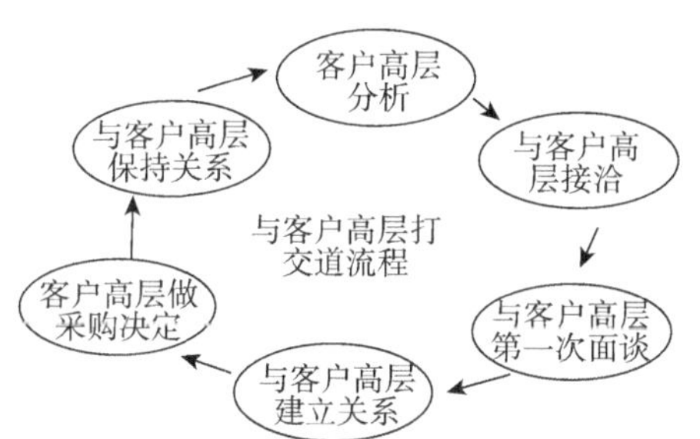

图 3－3　与客户高层打交道流程

客户高层分析：指拜访客户高层前，如何对其进行分析。

与客户高层接洽：指为了第一次与客户高层正式面谈，而跟他取得联系、接触的过程。

与客户高层第一次面谈：指第一次正式的面谈。

与客户高层建立关系：指第一次面谈后，到做采购决定前而进行的与客户高层建立关系的活动。

客户高层做采购决定：指如何让客户高层做采购决定顺理成章。

与客户高层保持关系：指成交后如何与客户高层保持关系。

成功与客户高层打交道的公式：

平等×价值×信任×没有压力×顺理成章×控制=成功销售。

虽然这只是一个指引原则，但遵循这个公式，会帮助你将打交道工作从策略、计划到最细节的行动，都聚焦于正确的努力方向上，从而帮助你取得预期的效果。

第四章

Chapter 4

与客户高层打交道策划

一、策划为什么重要

如果你问销售人员："在你的销售区域里有一家重要客户，你需要跟客户高层打交道，你会怎么做?"销售人员通常会这样回答："我会先找到这位客户高层，跟他取得联系，再去拜访他。"你接着问："然后呢?"销售人员会回答："我要根据拜访的情况，再考虑如何做。"

发现问题了吗？对，就是没有在与客户高层打交道前规划一个有效的行动方案，并根据方案逐步推进。

制定行动方案的过程就是策划。

策划能够让你预先制定出有效策略及每一步的工作重点；也可以使你对即将开展的打交道过程进行预想模拟，对可能遇到的阻碍做出预估，并提前做好应对方案。这样，你就能做到心中有数，对成功充满信心。所以，策划是与客户高层打交道取得成功的基石，是关键的一环。

然而，让人吃惊的是，策划如此重要，却被大多数销售人员忽视。原因可能是：

（1）多数销售人员没有受过这方面的专业训练，不知道策划的重要性及如何策划。

（2）对策划带来的好处缺乏体验。

（3）销售人员没有形成良好的工作习惯，没有将策划列入要做的工作事项。

（4）销售人员误认为策划就是计划，认为与客户高层打交道变数太多，计划经常要改变，所以策划没有用。事实是，策划的作用远不是得出一份工作计划，而是系统思考，制定有效的打交道策略。变数太多，才更需要策划，以保证销售工作不因变化而偏离方向，始终处于正确的轨道上。

二、与客户高层打交道策略

所谓做好某件事情的策略，有两个方面的含义：一是为了完成此事而准备的工作指导思想；二是总体的行动方案。

那么，制定与客户高层打交道策略要考虑哪些因素呢？如图 4－1 所示。

到目前为止，你应该清楚知道打交道指导思想是：为客户高层创造价值。

制定总体的行动方案需要考虑三个因素，即客户高层特点、销售人员自身优势、打交道流程。

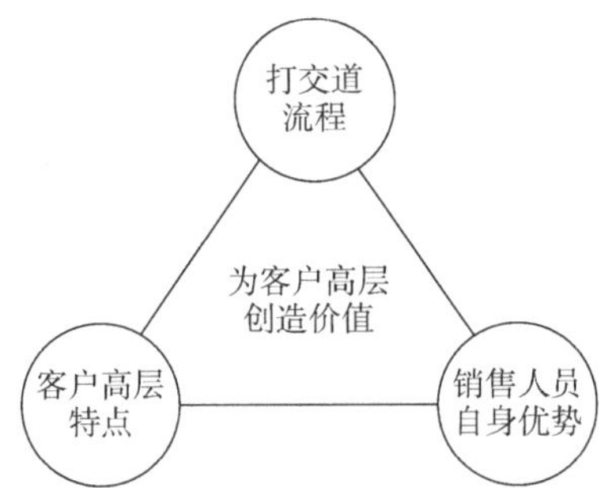

图 4－1　制定与客户高层打交道策略时要考虑的因素

客户高层特点：发现客户高层所具有的特征。

一是有哪些独特的事情，能够影响客户高层做采购决定，让销售人员清楚要在这些事情上为他创造价值。

二是有哪些独特的兴趣点，能够让销售人员更容易与客户高层沟通。

销售人员自身优势：与客户高层打交道，销售人员自身的优势也包括自己可以运用的人和事。如后面的例子中，销售人员李丽的技术部经理就是她可以运用的资源。

打交道流程：即销售人员对行动的考虑，要看处于打交道的哪个环节。

【案例】如何运用自身优势

一家民营汽车生产厂的总经理吴总40岁出头，大学时学习的专业是化学，做事强势，爱追究原因；不怎么健谈，但对感兴趣的话题愿意多谈；钻研汽车生产技术，出差时都带着汽车方面的书，在飞机上也看。吴总还有一个习惯，对其他厂的生产管理经验感兴趣，在出差时，喜欢找机会到其他企业参观，特别是外资、国营汽车厂，其他的民营企业反而很少去。现在，他所在的生产厂遇到了装配拧紧方面的问题，特别是轮胎拧紧常出现问题。

现在有两位销售人员，在不同的公司，都销售装配拧紧设备。销售人员A：王成，男，36岁，供职于外资公司，专业是汽车制造，资深销售人员，从事销售工作8年，针对汽车行业的销售工作时间超过5年，也算不上健谈。销售人员B：李丽，女，26岁，供职于民营企业，专业是市场营销，从事销售工作2年，针对汽车行业的销售工作时间为半年，擅长沟通。另外，李丽公司的技术部经理和吴总是大学同学。

显然，在制定与吴总打交道策略时，王成与李丽考虑的策略是不同的。除了帮助吴总解决拧紧方面的问题、向吴总提供拧紧问题形成的原因、分析拧紧问题会给他造成的潜在影响等信息，是他们要考虑的共同点外，还应该利用各自的优势，结合吴总的特点帮助他们与吴总打交道。如王成应该与吴总分享自己的汽车制造专业知识，或邀请吴总到自己的公司参观等，通过这些策略提升与吴总打交道的效果。同时，王成应该预计到，与吴总的有效接洽是自己必须要克服的障碍；吴总不健谈，在与吴总面谈时，如何保证气氛融洽也是要考虑的难点。

李丽则应该预计到，自己年纪轻、工作经验浅，对汽车行业认识不深，在与吴总打交道的初始阶段，如何提高吴总对自己的信任程度、重视程度，这是必须要克服的障碍；自己的专业不是汽车制造，如果吴总谈到汽车生产技术时，自己如何应对等。所以，她的策略应该是，在开始与吴总接洽时，请技术部经理帮忙，介绍她与吴总认识，以提高吴总对自己的信任与重视程度；在打交道的过程中，考虑请技术部经理向吴总介绍公司的拧紧设备的性能与优势，或发挥自己善于沟通的优势，提升与吴总沟通的效果等，进而提升与吴总打交道的效果。

当然，如果换成是另一家汽车厂的总经理，他的特点不同于吴总，那么，王成、李丽与之打交道的策略就要根据这位总经理的特点做出调整了。

三、分析客户高层

如果你仔细观察那些优秀的销售人员，就会发现他们成功率很高，主要原因是他们会根据客户高层的具体特点采取相应的打交道的方法。在进行策划前，销售人员应该尽量收集有关客户高层的信息，进行仔细、专业的研究，找出他的特点及所面临的问题，这样才能制定出有效地与他打交道策略。

对客户高层的分析包括三方面内容：

（1）客户高层的工作分析。

（2）客户高层的个人分析。

（3）客户高层关系地图分析。

（一）客户高层的工作分析

对客户高层的工作分析，是指分析影响销售人员与他打交道的有关他的工作、他对于工作的看法等内容。主要包括：

■ 公司概况：公司历史、属性（属于什么类型企业）、经营宗旨、企业文化、价值观、年度报告。

■ 客户高层的工作职责和考核指标。

■ 客户高层的身份：是公司老板，还是职业经理人。

■ 组织结构与采购流程：客户高层在公司中处于什么位置、他公司的采购决策流程是什么样的。

■ 财务与业绩状况：过往业绩、赢利能力、资产负债表、损益表。

■ 行业与市场情况：产业环境、行业趋势、技术趋势、竞争情况。

■ 产品情况：种类、特性、在市场中的地位。

■ 竞争策略：定位、策略。

■ 重要的工作或业务问题：现在面临什么问题，特别是跟销售人员所销售的产品或服务有关的问题。

■ 对销售人员的看法。

■ 对竞争对手的看法。

■ 工作习惯。

■ 有影响力的事情或事件。

1. 客户高层的工作职责和考核指标

客户高层的工作职责是什么？应为公司取得什么样的成果？其工作的主要考核指标是什么？上级对他的评价方式是什么？……这些与他的工作职责和考核指标有关的因素，会影响他的采购决定。

这一点对于销售人员的启示：对于不同职位的客户高层，产品的价值有不同的含义。销售人员在推销产品的价值时，应该有不同的重点，即将推介的重点与他的工作职责和考核指标联系起来。

如何将产品推介重点与客户高层的工作职责和考核指标联系起来

假设你向汽车厂推销一种测量设备，这种设备相对于汽车厂现在使用的测量设备具有质量稳定，能够在高频率使用的情况保持精度、不出差错与故障等优势，从而减少生产线因测量设备故障而造成的停线时间，进而减少了因停线而造成的生产管理上的麻烦，减少因停线而造成的成本，如因为停线造成工人加班而增加的成本等，相当于为汽车厂增加了利润。

如果你与这家汽车厂的生产总监谈论此事，假如他有决定权，那么，你介绍的重点应该放在减少停线时间及生产管理的麻烦上，而不是为汽车厂增加利润上。因为生产总监的职责是保证生产正常运行、减少生产管理的麻烦。他的考核指标是停线时间，而不是利润。

如果你与这家汽车厂的总经理谈论此事，你介绍的重点应该放在增加利润、投资收益上，而不是停线时间。因为总经理的职责是保证汽车厂赢利，他的考核指标是利润、投资收益率。

作为工作职责和考核指标分析的特例，你需要注意客户高层的身份，即他是公司老板还是职业经理人。公司老板和职业经理人在做采购决定时，考虑的重点是不一样的。对职业经理人来说，他看重采购符合流程，也就是说，销售人员除了重视与之打交道外，还要注重与他的下属打交道，务必使采购符合流程。而老板更关注采购是否处于他的控制之下，因为如果不在他的控制之下，在采购的环节中就有可能出现问题，如工作人员收受贿赂、回扣等。销售人员就要强调直接与之打交道的好处：老板能控制采购流程。

为什么这位销售人员做得这么好

在一次培训课上，张强分享了他与老板打交道的心得。张强是永辉鞋材厂从事鞋底销售的销售人员，主要面向所负责区域的鞋厂。因为制鞋行业，鞋底的同质化现象严重、竞争激烈、利润微薄，而且他所负责区域的鞋厂通常规模不大，整体管理水平偏低，员工如采购、生产主管等吃回扣现象严重，形成利益链条，损害鞋厂利益。所以，他将销售工作的重点放在与鞋厂的老板打交道上，效果很好，业绩突出。

他在分享他与老板打交道的心得时表示：在与老板打交道到一定程度时，我就会对老板说除了产品的价格、质量外，从我这里进货最大的好处就是没有回扣，因为是我直接跟你联系的。通常，过不了多久，老板就会打电话给我，说要谈谈从我这里购买鞋底的事。

2. 组织结构与采购流程

从公司组织结构中可以看出客户高层在公司中处于什么位置，即他处于什么职位；他的上司是谁；下属是哪些人；采购要经过哪些环节；在采购的决策链上，哪些人对采购决策有影响；除了要跟客户高层打交道外，还要与客户中的哪些人打交道。客户高层公司采购流程如图 4－2 所示。

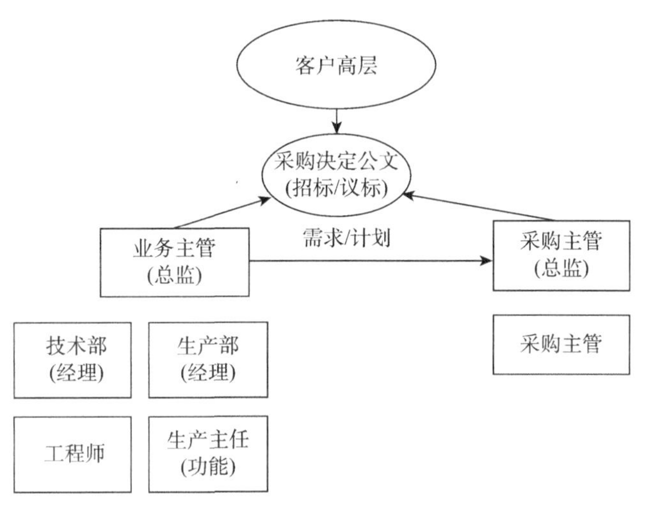

图 4－2　客户高层公司采购流程

通常的采购流程是：使用部门（生产部或技术部）提出采购计划—采购部执行—招标或内部讨论—客户高层决定。

3. 重要的工作或业务问题

客户高层希望与真正了解其问题的销售人员打交道。销售人员需要做的是，站在客户高层的角度，深入了解客户的业务，发现客户高层关心的问题，并让他理解是什么原因导致出现了问题，以及理解什么问题（这个问题所带出的潜在问题）比他意识到的更重要。因为只有当客户高层察觉到价值并想要得到它时，价值才会存在。

如何做到这一点呢？这里提供一个分析模型，如图 4－3 所示。

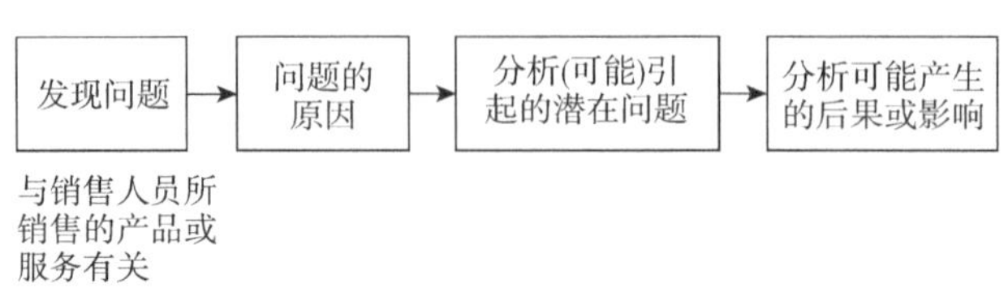

图 4－3　客户高层业务问题分析模型

如何分析客户高层的业务问题

假如你负责向一家汽车厂销售装配拧紧设备。你发现这家汽车厂的蓄电池电线的拧紧质量不稳定，容易造成电线脱落，而你的拧紧设备可以解决这个问题。那么，你如何站在客户高层的角度分析这个业务问题呢？如表 4－1 所示。

表 4－1　客户高层业务问题分析

发现问题	问题的原因	分析（可能）引起的潜在问题	分析可能的后果，或影响
➢蓄电池电线的拧紧质量不稳容易造成电线脱落	■ 蓄电池电线的拧紧设备没有拧紧力矩的控制程序	• 在高速路上汽车突然熄火，减速	— 造成追尾事故 — 造成生命危险 — 有可能召回，损失巨大 — 给品牌造成巨大的负面影响

在分析客户高层业务问题时，有以下三点需要注意：

（1）尽可能发现客户高层的业务问题。这就要求销售人员要到客户现场了解情况、发现问题。

（2）销售人员应该有信心去跟客户高层讨论这个问题。一方面，销售人员所销售的产品或服务就是为客户高层的公司解决问题的，所以，销售人员就是这方面的专家；另一方面，客户高层通常不是这方面的专家，而他又想知道问题的原因及导致的后果，所以，他此时就相当于学生。在这点上，销售人员对于客户高层就相当于专家对于学生，信心的天平自然就偏向销售人员。

(3) 很多销售人员担心，如果跟客户高层谈可能的后果或影响时，他可能会不高兴、会反感。你放心，这正是他喜欢听的。客户高层通常喜欢探究问题的原因及带来的影响，其主要工作之一就是防止问题产生，或当问题产生时，将负面影响控制到最小。高层的成功依赖于通过直接、表面的问题，看到隐藏在背后的影响和结果。

对销售人员的看法：

销售人员需要弄清楚客户高层对销售人员的看法，包括对销售人员所销售的产品及服务，以及销售人员所属的公司等的看法。

这点很重要，但销售人员不够重视，如由于之前的销售人员不负责任，在售后服务上没有做好，曾影响了客户高层的工作。为此，客户高层对销售人员所属公司的售后服务意见很大。如果不了解这一点，在这一点上改变他对售后服务的看法。那么，在日后与他打交道的过程中，销售人员很可能白白浪费精力。

对竞争对手的看法：

“所有销售都是比较的结果。”享誉全球的销售专家麦克·哈南（Mack Hanna）说。是的，销售人员与客户高层打交道的效果，会因竞争对手与他打交道的效果而变化。如一位销售人员与客户高层很熟、关系不错，但竞争对手的销售人员与客户高层已经成了很好的朋友，那么，这位客户高层很可能会偏向竞争对手。客户高层对竞争对手的看法，可从以下方面分析：

竞争对手的销售人员与客户高层的关系如何？客户高层是如何看待他的？

竞争对手是如何建立起与客户高层的关系的？

客户高层如何看待竞争对手的销售人员所销售的产品与服务，以及他所属的公司？

工作习惯：

有的客户高层习惯上午不会见客户，下午才会见客户；有的客户高层习惯叫下属一起参与面谈，等等。针对客户高层的工作习惯，采用相应的方法与之打交道。

很多人可能不理解，客户高层的工作习惯也会影响销售人员与之打交道，如一位客户高层习惯在上午 11 点看邮件，如果销售人员这个时候发邮件给他，他可能会第一时间看销售人员的邮件，处理并回复销售人员的问题，这样就提高了销售人员与他打交道的效率。

有影响力的事情或事件：

对于有影响力的事情或事件，要求销售人员保持敏感，具有抓住机会的能力，如国家政策的改变、突发的重大事件等。

例如，基于环境保护的原因，国家要求汽车发动机减少排放量，计划将排放标准从国 IV 提高到国 V。如果你销售的发动机能够满足国 V 标准，那么，你在向汽车厂客户高层销售时，就可以利用这个优势，效果要比不利用这个优势好很多。再比如，2015 年 1 月 7 日法国巴黎发生恐怖袭击事件，如果你销售的安防系统能够帮助客户防止类似事件，或者减少事件的损失，那么，你就要抓住这个事件，向客户高层销售。

（二）客户高层的个人分析

1. 个人背景信息

客户高层个人背景信息包括工作经历、成长经历、家庭情况、学历、毕业学校、籍贯、朋友圈、爱好，等等。

了解客户高层个人背景信息，能够使销售人员对客户高层的认识更加“立体化”。通过了解客户高层的经历，销售人员能够掌握、理解他为什么会有这样的性格、他看问题的方式为什么这样、他的行业经验等更深层次的信息。当然，你也能够发现那些对他有影响力的人或事。

2. **沟通风格**

不同的人有不同的沟通风格，风格相同的人更易于沟通，相处更愉快。与客户高层打交道的一个重要能力是，销售人员能够与不同沟通风格的客户高层打交道，能够根据客户高层的沟通风格，灵活调整自己沟通风格。如果你不能做到这点，就会丧失很多机会。因为在你所负责的销售区域，客户高层人数就那么多。

要提升灵活调整自己沟通风格的能力需要积累大量的经验，也需要理论的指导。有很多针对这方面的书籍、培训课程，在此梳理出最主要的内容，以便于销售人员快速掌握。

人的沟通风格分析模型如图 4－4 所示。

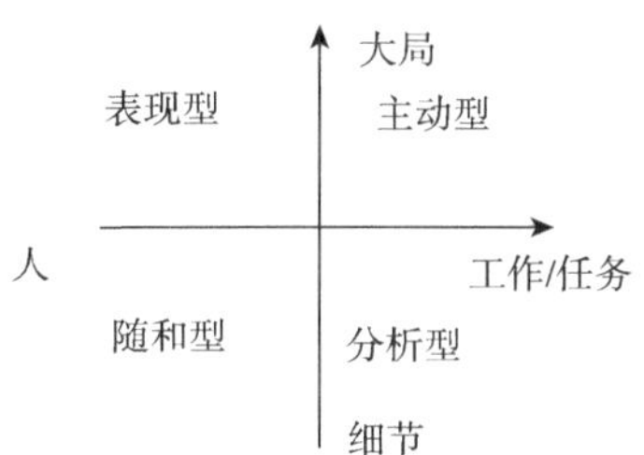

图 4－4　人的沟通风格分析模型

主动型沟通风格是指在沟通中以工作为本，注重大局，但不太注重人。特点是喜欢进行聚焦于工作重点而不是细节的、不带个人感情色彩的交流，喜欢控制会谈方向、节奏，对与之面谈的人形成压迫感，做决定快。

表现型沟通风格是指在沟通中以人为本，或者说注重情感，也注重大局。特点是谈论重点，主导会谈场面（主要是他在说），但与主动型不一样的是会使用许多富有表现力的话语，进行有情感的交流，与之会谈不会“沉闷”。

随和型沟通风格是指在沟通中以人为本，也注重细节。特点是喜欢了解人，进行情感交流，容易受他人影响，做出不情愿的决定，但也容易改变主意，与之会谈会很轻松。

分析型沟通风格是指在沟通中以工作为本，但注重细节，不太注重人（跟主动型一样）。特点是喜欢谈论工作细节，对数字敏感，有条理，交流中不喜欢带有个人感情色彩，与之沟通容易陷入“沉闷”状态，做决定慢。

这四种类型在人们身上都有表现，但其中的一种或两种处于主导地位。对自己的沟通风格有清醒的认识，有助于了解他人的沟通风格。你需要在第一次面谈的前几分钟就识别出客户高层的沟通风格，并在沟通中调整自己的沟通风格，使自己的沟通风格和客户高层的沟通风格相匹配。

一般来说，客户高层的沟通风格多数表现为主动型，这就是在与他面谈时，要着重谈他关注的业务问题（这是他关注的重点），不要谈与工作无关的事情的关键原因。

注：其他有助于提高销售人员与客户高层沟通效果的知识是神经语言学知识，它指出每个人都有接受信息的最佳方式，包括视觉、听觉、触觉三种方式，人们也因此被分为视觉型、听觉型、触觉型三类。销售人员要做的就是识别出客户高层是哪种类型的人，然后采取合适的方式与之沟通。

3. 客户高层最近关心或关注的事情

如果能够了解客户高层最近关心的事情而销售人员又能提供帮助，对与客户高层打交道是非常有利的。这符合影响力中最重要的原则——互惠原则。

但有两点需要注意：一是与一般人不一样，对于私人帮助，一般客户高层不会轻易地接受。他们要评估这些帮助是否与公司有关规定冲突，对自己的职位有哪些影响等，如果评估是正面的，他们才会接受帮助。二是要注意“适度原则”，即对给予客户高层的私人帮助要适度，不要把对他们的帮助变成是送礼、行贿。

（三）客户高层关系地图分析

仔细了解、区分客户高层周围的人，建立客户高层关系地图，能有效地帮助销售人员与客户高层打交道。如图4－5所示，客户高层关系地图主要包括：

执行者：指涉及采购的具体执行人员，如采购主管、技术工程师、设备工程师等。

消息提供者：指能够为销售人员提供有关销售信息的人，这就是通常所说的线人。

支持者：指愿意支持或偏向于选择销售人员销售的产品的人。

影响者：指对客户高层做采购决策有影响的人，如采购部经理、技术部经理等；对客户高层有影响的人，如他的同学、朋友等。

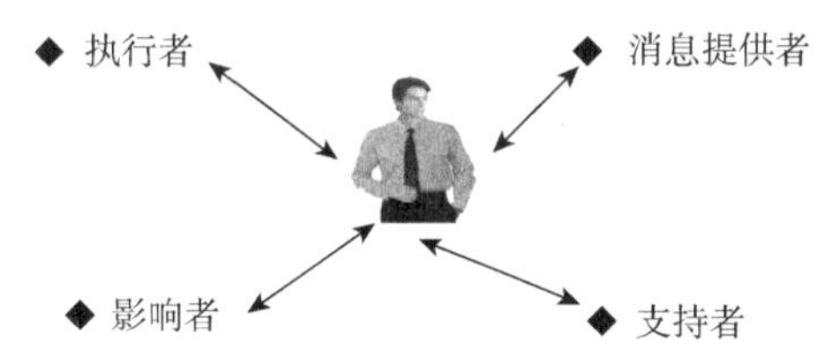

图4－5　客户高层关系地图

（四）将信息分类

看了上述客户高层分析，你一定会认为要收集的信息很多，让人头昏脑涨，因为你还不清楚要在信息中搜寻什么，也没有将信息分类，将信息分类之后你就会清晰很多。

据此，我们将信息分为两类，如表4－2所示。

表 4－2　客户高层信息分类

分类		内容
重要信息	客户高层关心的业务问题 客户高层在公司的身份 公司的采购流程 客户高层关系地图 影响采购决定的事情或事件 沟通风格 对销售人员的看法 对竞争对手的看法分析 最近个人关心的事情	
通用信息	个人背景信息 客户高层的工作职责和考核指标 公司概况 财务与业绩状况 行业与市场情况 产品情况 竞争策略 工作习惯 有利于销售人员与之沟通的事情或事件	

四、制作客户高层模型

将信息分类后，你就会有一个对客户高层的大致印象。但是这样还不够，你要做的是让客户高层在你的脑中有更清晰的形象，就好像你们认识了很久，你了解他的想法、明白他的问题、对解决他的问题很有信心；你感觉跟他打交道、面谈很轻松、自然。对，就是要这种感觉。如果是这样，你就有了与之打交道的信心，而这正是成功的关键。

所以，接下来要做的就是基于过往的经验及与客户高层打交道的需要，对客户高层的信息进行提炼，总结出客户高层的特征。这些特征的集合就构成了客户高层的模型。

客户高层模型如表 4 – 3 所示。

表 4 – 3　客户高层模型

特征	内容
客户高层关心的业务问题	
客户高层在公司的身份	
公司的采购流程	
客户高层关系地图	
影响采购决定的事情或事件	
沟通风格	
对销售人员的看法	
对竞争对手的看法分析	
最近个人关心的事情	
有利于销售人员与之打交道的信息（即通用信息）	

五、信息来源

在今天的信息环境下，有很多渠道帮助销售人员获得有关客户高层的信息。以下列出部分信息来源：

■ 客户公司网站。这是最重要、最主要的信息来源。浏览客户公司网站内容，特别是公司介绍、业务介绍、公司年报、公司新闻等，能让你了解大量的第一手信息。

■ 网上搜寻。只要你在百度、谷歌等网站上搜寻，就能获得大量的信息。另外，通过有关的专业、行业网站，能获得更有针对性的信息。这里要特别留意收集针对客户高层的采访、报道或客户高层写的文章，从这些方面能使自己对客户高层有更深入的了解。在与客户高层面谈时，你向他提及采访、报道内容或他写的文章内容，就能让他知道你很专业，很尊重他而不是吹捧他。

■ 去客户公司实地了解。如果你认识客户高层公司的人，或者通过拜访客户高层的下属（注：约见他们比约见客户高层要容易很多）进入他的公司，你就能获得很多你想要的真实信息。如可以在接待厅看到组织结构、客户高层介绍等信息，也能够获得客户公司的文化、员工素质等信息。当然，你也可以通过与你面谈的人了解客户高层的信息。

■ 向与客户高层熟识的朋友了解信息。你要注意两点：

一是要特别重视向对客户高层有影响力的人了解信息。

二是了解的信息要详细、具体，而不是笼统的信息。这里有一个技巧，就是在请他介绍客户高层的情况时，请他列举一些案例。

例如，如果这人是客户高层大学的同学，你向他了解客户高层的信息时，他说客户高层在大学时学习很勤奋、自律，这就是笼统的信息。但你让他举例说明时，他说客户高层在大学里都是早上6：00起床，晚上自习到12：30才睡，即使在冬天最寒冷的时候也是6：00起床跑步，晚上洗冷水澡，从未改变，这就是具体的信息。他说客户高层很热心，这是笼统信息；但他举例，有一次同学病了，凌晨2：00客户高层与另外两个同学将这位生病的同学送到医院急诊，并陪了一个通宵，第二天一早还打电话给这位生病同学的家人，等等。这些情况就是具体的信息。

通过这些具体的信息，你是不是感觉客户高层在你脑中的形象清晰、生动起来了？

■ 客户高层的自传。如果客户高层出过自传，一定要找来看看，这能够让你对客户高层有一个全面、深入的了解。

六、分析销售人员自身优势

销售人员自身优势是指销售人员所具有的、有利于自己与客户高层打交道的特点、资源、有利条件。每个销售人员都有自己的优势，但是，如何将自己的优势发挥好呢？答案就是根据客户高层的特征分析自身的优势，做到有的放矢。

对于销售人员自身的优势，按表4－4进行分析。

表4－4　销售人员自身的优势分析表

客户高层特征	销售人员自身的优势	说明（在下面的项目中，销售人员有什么优势）
客户高层关心的业务问题		销售人员对客户高层关心的业务问题了解到什么程度
客户高层在公司的身份		销售人员是善于与老板打交道，还是善于与作为职业经理人的客户高层打交道
公司的采购流程		销售人员对于涉及采购决策流程上的人——客户高层的下属，了解程度如何
客户高层关系地图		销售人员了解客户高层周围哪些人
影响采购决定的事情或事件		销售人员了解哪些影响采购决定的事情或事件
沟通风格		销售人员最擅长与哪种沟通风格的人沟通
对销售人员的看法		客户高层对销售人员、销售人员的公司和销售人员所销售的产品或服务有什么看法
对竞争对手的看法分析		与竞争对手相比，销售人员有什么优势
最近个人关心的事情		销售人员了解哪些客户高层最近关心的事情
有利于销售人员与之打交道的信息（即通用信息）		销售人员了解哪些有利于销售人员与之打交道的信息

七、制定打交道的总体方案

（一）规划重点的行动方案

完成了客户高层模型的制作、销售人员自身的优势分析，你就可以有针对性地规划重点的行动方案，并对可能遇到的障碍做出预估。这样，在你正式开始与客户高层打交道时，就能做到心中有数、充满信心，并对可能出现的影响你与他打交道的事件保持警觉。

规划重点的行动方案如表 4 –5 所示。

表 4 –5　规划重点的行动方案

特征	内　容	重点的行动方案	可能遇到的障碍
客户高层关心的业务问题			
客户高层在公司的身份			
公司的采购流程			
客户高层关系地图			
影响采购决定的事情或事件			
沟通风格			
对销售人员的看法			
对竞争对手的看法分析			
最近个人关心的事情			
有利于销售人员与之打交道的信息（即通用信息）			

注：重点的行动方案包含对可能遇到的障碍的应对、处理方法。

（二）制定打交道的总体方案

将重点的行动方案与打交道流程中每一个步骤的关键做法相结合，

就制定出了与客户高层打交道总体方案，如表4－6所示。

注：对于打交道流程中的每一个步骤，究竟应该如何做？请看后面相关章节论述。

表4－6　与客户高层打交道总体方案

项目		策略（主要做法）
与客户高层打交道流程	与客户高层接洽	
	与客户高层第一次面谈	
	与客户高层建立关系	
	客户高层做采购决定	
	与客户高层保持关系	

八、制定行动大纲

与客户高层打交道策划的最后一步，就是制定与客户高层打交道的行动大纲，根据总体方案做出行动时间计划，如表 4－7 所示。然后，按照行动大纲开展与客户高层打交道的工作。

表 4－7　与客户高层打交道行动大纲

项目		策略（主要做法）	（计划开展）时间
与客户高层打交道流程	与客户高层接洽		
	与客户高层第一次面谈		
	与客户高层建立关系		
	客户高层做采购决定		
	与客户高层保持关系		

经过策划，销售人员开展的与客户高层打交道的工作就是经过系统思考的、有分析的、有策略的，按照流程逐步进行的、有计划的行动，而且让销售人员对可能发生的影响与客户高层打交道的事件保持警觉并善加利用。比起那些没有经过策划的、随意的与客户高层打交道的行动，效果肯定好很多，更重要的是，它能使销售人员从容、自信，打交道的成功率也会随之提升。

这是一套有效的逻辑思考方法，刚开始使用这套方法进行策划可能会感觉有些繁杂，也会感觉有些地方重复，而且制定起来需要很长时间。但如果你坚持使用这套方法，你将会发现其实它很简单，而且制定大纲需要的时间也会大大缩短。比起取得的收益，在策划上付出的时间、精力就显得非常有价值。请记住，它是与客户高层打交道最重要、最基础的工作。

第五章

Chapter 5

如何与客户高层接洽

在培训前调研时，我经常会遇到这个问题。

为了能够在第一次拜访客户高层时取得成功，销售人员要跟客户高层取得联系。但很多销售人员只是“简单”地打电话，请求客户高层同意自己去拜访，客户高层通常是拒绝的。于是，销售人员在不同的时间，一次又一次地给他打电话，态度也越来越“诚恳”，最后变成“求”了，或者说有点“骚扰”他，这更让客户高层反感，连销售人员的电话都不愿意接了，更不要说见面了。出现这种情况后，销售人员往往认为是自己打电话的技巧不好，或者说话方式不够有效，于是要求公司进行电话技巧培训。

这是电话技巧的问题吗？应该如何做呢？

接洽是销售人员与客户高层打交道遇到的第一个“难题”。

接洽的目的有两个：

第一，表面目的：认识客户高层。

第二，实际目的：为销售人员与客户高层第一次正式面谈创造条件。

这就需要针对销售人员与客户高层的实际状况，寻找一套与他接洽的有效方法，仅靠电话技巧效果当然不好，甚至没有效果。

根据实际工作经验，将销售人员与客户高层接洽的方式分为以下几种：

（1）通过熟人推荐方式。

（2）通过下属方式。

（3）通过电话方式。

（4）通过邮件方式。

再次强调，不管采用哪种方式，都要事先做好客户高层分析。

销售人员之所以要与客户高层打交道，是因为要向他的公司销售产品或服务。但很多销售人员要么不与客户高层打交道，要么只是与他拉关系。销售人员花了很多精力、时间去讨好客户高层，吃饭、送礼、发信息等，就是不向他销售产品或服务，没有一次“正式面谈”。结果，虽然他们与客户高层“很熟”，但客户高层并不信任他们，也不了解他们所销售的产品或服务。这样的打交道方式是低层次的、无效的，也是客户高层反感、讨厌的方式。

因此，与客户高层打交道，第一次面谈一定要“正式”，以这种方式与他建立关系。

我将那种与客户高层见面不谈工作，只是东拉西扯地拉关系，客户高层随意应付一下，就将销售人员打发走的面谈叫“非正式见面”。要与客户高层“非正式”见一次面其实不难，随便让人引见一下，或者打电话多“求”几次，或者找一个理由“骗”一下，就能做到。但是，下次要再见到客户高层就“难”了。

比起“非正式见面”，“正式面谈”对接洽的要求就高很多，因为它表示客户高层愿意花时间与销售人员谈论工作，而不是随意应付。事实上，“正式面谈”前的那些“非正式见面”，只是属于接洽工作的一部分内容。

一、通过熟人推荐与客户高层接洽

通过熟人推荐与客户高层接洽是指通过销售人员的朋友介绍来认识客户高层。

这是最容易想到的，也是最常用的认识客户高层的方式之一，但也是最容易出现问题的方式。销售人员只知道他们互相认识，是朋友，而没有想他们到底是什么关系？要注意哪些事项？不会根据不同的情况采取相应的策略，很可能会导致接洽效果不好或出现自己意想不到的情况，如要朋友推荐，导致自己与朋友关系变得不好。

为此，需要理解两个与此相关的重要概念：一个人对另一个人的影响力及移情效应。

一个人对另一个人的影响力是指在交往中及交往所形成的关系中，一个人影响另一个人的行为或心理的能力，构成这种影响力的因素包括权力、恩惠、权威、友谊、熟悉程度等因素。

各种因素起作用的机理不同，人的心理反应也不同，影响力的特点、强弱也不同，如表5－1所示。

表5－1　影响力因素分析表

影响力因素	解释	人的心理	特点	影响力等级
权力	是指由职位产生的影响力	被动接受，有压迫感	强制性	强
恩惠	是指一个人给予他人的好处、帮助，接受好处、帮助的人就会回报施恩于他的人	负债感，感恩回报	非强制性	强

续表

影响力因素	解释	人的心理	特点	影响力等级
权威	是指人们因学识、品德、地位等因素而获得的威信，使人们自愿服从	对权威的服从	非强制性	强
友谊	是指人们交往中产生的一种特殊情感，具有温情感、安全感、义务感等特点	义务感，对失去友谊的担忧	非强制性	中
熟悉	人们在交往中彼此熟悉、彼此了解，产生了安全感	信任熟悉的人	非强制性	弱

移情效应是一种心理定式，即人会将对特定对象的情感迁移到与该对象相关的人或事物上的一种心理现象。通俗地说，就是当一个人喜欢另一个人时，他就会喜欢与之相关的人或事；一个人信任另一个人时，他也会信任与之相关的人或事。爱屋及乌就是这个道理。同理，当一个人不喜欢、不信任另一个人时，他也会不喜欢、不信任与之相关的人或事。厂家请名人做广告也是利用这个原理，将人们对名人的信任迁移到对厂家的产品或服务的信任上。同样，如果名人出现负面新闻，也会给厂家的产品或服务带来负面影响。

销售人员请熟人向他的朋友——客户高层推荐自己，客户高层对他的“态度”要比没有熟人推荐时好很多，就是因为有移情效应。如果客户高层信任、尊重“熟人”，他也会信任、尊重销售人员。

从上述分析可以看出，“一个人对另一个人的影响力”涉及“熟人”对客户高层的影响力，而“移情效应”涉及客户高层对“熟人”的看法。这两个方面的综合作用就决定了“熟人”推荐客户高层的“效果”。

（一）熟人分类

（1）熟人是客户高层的上司，称为高影响力推荐。

（2）熟人是对客户高层有影响力的朋友，包括客户高层过去的老师、过去的上司、曾经给予他帮助的朋友等，称为影响力推荐。

（3）熟人是与客户高层的地位、层次相当的朋友，包括与客户高层地位、层次相当的同学、同事、老乡、朋友等，称为朋友推荐。

（4）熟人是客户高层之前的下属，或者地位、层次低于客户高层的朋友，包括地位、层次低于客户高层的同学、同事、老乡、朋友等，称为低影响力推荐。

通过细分你就会发现，因为熟人与他的朋友——客户高层的关系不同，他对客户高层的影响力也不同，必然会影响销售人员与客户高层打交道的效果。

高影响力推荐：

高影响力推荐有两种情形：一是销售人员跟客户高层的上司是朋友，他指派客户高层与销售人员协作；二是销售人员在销售时先向客户高层的上司“销售”，上司再指派客户高层与销售人员协作。

权力带来的影响力具有强制性。如果能得到客户高层的上司的推荐，对销售人员与客户高层打交道非常有利，能够影响客户高层做决定的倾向性、客户高层对销售人员的重视及配合程度，这种推荐方式要比另外三种推荐方式好很多。

但权力这种影响力会给人带来压迫感，如果销售人员不能注意到并消除这种压迫感，很可能会成为他与客户高层打交道的隐患。销售人员应该怎么做呢？

态度要更谦卑，不能总打着熟人，也就是客户高层的上司的“旗号”行事。例如，客户高层的上司李总推荐了销售人员。在实际工作中，很多销售人员因为不了解这一点，依仗是李总推荐的，态度嚣张，把自己真当成“上司”，张口闭口“这是李总让做的”“李总说应该怎么做”，等等，加重了客户高层的压力感，导致他产生不满情绪，而销售人员自己还不知道。

注意细节。比如迟到，特别是前三次的见面不要迟到。因为一旦留下傲慢印象，要消除就需要付出更多的努力。

在适当的时机，当着客户高层的面，在他的上司面前适当称赞客户高层，有助于平衡这种压迫感。

影响力推荐：

影响力推荐也是一种对销售人员很有帮助的推荐，能够影响客户高层做决定的倾向性。因为对客户高层的影响力是由恩惠、权威、友谊等因素带来的，不会有“压迫感”。由于移情效应，客户高层也会尊重、重视销售人员。销售人员只要按照正常的与客户高层打交道的方法做就可以了。

朋友推荐：

朋友推荐起作用的因素是友谊，对客户高层的影响力低于前两种，对销售人员的帮助主要在于认识客户高层及打交道过程的沟通上，对客户高层做决定的倾向性影响不明显。

低影响力推荐：

低影响力推荐，说起来也应该算朋友推荐。我们不主张根据地位和层次看待、对待朋友。但因为移情作用，客户高层可能会因此而“看低”销售人员，有可能给销售人员与之打交道增加难度，建议慎重使用这类推荐。

（二）如何进行熟人推荐

1. 了解熟人与客户高层的关系

销售人员要仔细了解他们的关系渊源，如是什么样的关系？是如何建立关系的？是否曾给予客户高层帮助？等等。

2. 给他一个帮助的理由

我想你可能也有这样的经验，请熟人推荐他的朋友时，不是每一个人都愿意这样做。美国哈佛大学社会心理学家艾伦·兰格（Ellen Langer）通过实验，揭示了一个人们习以为常的行为原则——做事喜欢有理由。

艾伦·兰格的实验：

人们排队在图书馆里用复印机，她请别人帮一个小忙，说："真不好意思，我有 5 页纸要印。因为时间有点赶，我可以先用复印机吗？"提出要求并说明理由真的很管用：94% 的人答应让她排在自己前面。她也试过只提要求："真不好意思，我有 5 页纸要印。我可以先用复印机吗？"这么说的效果就差多了，只有 60% 的人同意了她的请求。

这个原则给人的启示：我们在要别人帮忙的时候，要是能给出一个理由，成功的概率会更大。所以，给熟人一个提供帮助的理由，就能提高成功的概率。如何做呢？很简单，跟熟人说明因为什么，我需要跟你的朋友——客户高层认识。

3. 让熟人放心

许多人之所以不愿意推荐朋友，是因为担心，所以，让熟人放心也是提高成功率的一个重要因素。

4. "教"熟人如何推荐自己

要"教"熟人向客户高层推荐自己，因为熟人一般是不知道如何推荐销售人员的。

如果不"教"，通常熟人会这样对他的朋友——客户高层说："我有一个做销售的朋友，想认识你……"这样传递给客户高层的信息就太少了，从某种程度上说，这是对熟人与客户高层关系的一种"浪费"？

如何做呢？请熟人向客户高层介绍销售人员的姓名、公司，简单地赞扬一下销售人员、销售的产品或服务，以及强调一下与销售人员的关系等。

根据销售人员与熟人的关系程度，推荐两种说话技巧。一种是"约见面"说话技巧，另一种是"介绍认识"说话技巧。

"约见面"说话技巧："我有一个销售计量检测仪器的朋友叫张威，他们公司叫双元仪器公司，他在这行做了很多年，很专业，跟我的关系不错，想拜访你，你看下周何时有时间？”

“介绍认识”说话技巧：“我有一个销售计量检测仪器的朋友叫张威，他们公司叫双元仪器公司，他在这行做了很多年，很专业，跟我的关系不错，想拜访你，我介绍他下周一上午联系你。”

当然，最好能够让熟人帮忙约客户高层见面。

5. 熟人推荐提示卡

为使熟人推荐客户高层取得好的效果，建议使用熟人推荐提示卡，如表5－2所示。当然，这里的顺序不是固定的，需要根据实际情况灵活运用。这个提示卡包含了上述要点，依据提示卡做，以确保达到期望的效果。更重要的是，在坚持使用几次后，你将会发现，在“熟人推荐客户高层”方面你会做得越来越得心应手，效果也越来越好，这为你与客户高层打交道开了一个好头。

假设赵明是张威的朋友，张威称呼他为“阿明”，他与雷沃发动机公司的副厂长李涛是大学同学，张威想请他帮忙推荐认识李涛。

表5－2　熟人推荐提示卡

要点	内容
了解他与客户高层的关系	阿明，你跟雷沃发动机公司的副厂长李涛的关系怎么样？如何认识的？有没有帮过他？
给他一个提供帮助的理由	我最近在做雷沃发动机公司的业务，需要跟李涛面谈，想请你帮我推荐一下。
让他放心	你放心，我很专业，不会烦他的。
“教”他推荐自己	你怎么跟他说呢？你看这样好不好，你就说：“我有一个销售计量检测仪器的朋友叫张威，他们的公司叫双元仪器公司，他在这行做了很多年，很专业，跟我的关系不错，想拜访你，你看下周何时有时间？”

6. 与客户高层通过电话联系确认见面时间

在熟人向客户高层推荐后，销售人员需要与客户高层电话联系，确认见面时间。根据熟人推荐的两种情况，方式如下：

（1）熟人已经帮销售人员约了见面时间。“请问是李涛李总吗？我是赵明的朋友张威，我是做计量检测仪器的，是双元仪器公司的，赵明已经跟你介绍了我是吧（客户高层一般会说是的），我来跟你确认一下见面的时间，是下周二下午2：30吧？”

这里的要点是：不要在电话里介绍产品、销售；称呼客户高层的名字——李涛；提起客户高层的朋友——赵明；介绍自己的姓名、做什么、公司名称，因为客户高层可能会忘记；跟客户高层强调：赵明介绍了自己；再次借用熟人——赵明的影响力。

（2）熟人只是推荐。“请问是李涛李总吗？我是赵明的朋友张威，我是做计量检测仪器的，是双元仪器公司的，赵明已经跟你介绍了我是吧（客户高层一般会说是的），我来跟你确认一下见面的时间，你看是下周二下午还是下周三上午比较方便？”

这里的要点是：

假定客户高层已经同意见面：我确认一下与你见面的时间；客户高层听了熟人的推荐，因有熟人的影响力，他是会见销售人员的，也就是说他决定了：要见销售人员。

给客户高层一个时间选择：你看是下周二下午还是下周三上午比较方便？

为什么不要在电话里介绍、销售产品？

在销售人员给客户高层打电话时，客户高层有时也会“随口”问与产品有关的问题，如你们的产品怎样？你要牢记，第一次给他电话的目的是约定见面时间，不是销售，更不是讨论产品。你现在也应该清楚，客户高层其实是不关心具体的产品性能的，所以，他只是“随口”问问。

此时你只需停顿一下，“忽略”这个问题，然后继续要求见面就可以了。你可以说：“啊，这样，那我见面时跟你介绍，你看是下周二下午还是下周三上午比较方便?”

为什么要称呼客户高层名字?

在培训课上,当我介绍这个说话技巧时,总有学生担心直呼客户高层的名字不好、不礼貌、不尊重。我要说的是,如果销售人员见到客户高层后,在没有与他建立起融洽、“平等”的关系前,就直呼他的名字确实有点不礼貌、不尊重,但他还没有见到你,为什么不能直呼他的名字?难道销售人员就比他“低一级”吗?在日常工作中,客户高层与他的下属在一起时,他可以直呼下属的名字,而下属如果直呼他的名字就显得不礼貌。为什么显得不礼貌呢?因为不尊重他。为什么要尊重他?因为是下属。所以,担心不礼貌、不尊重的潜在原因是销售人员把自己“看低了”,在还没有与客户高层打交道前就不自信了。

称呼客户高层名字,有以下原因:

(1)让销售人员感到自信。自信是销售人员与客户高层打交道成功的关键因素之一。自信体现在从打交道的策略到打交道过程的方方面面。自信,从第一次与客户高层接触开始就要体现出来。

(2)什么人称呼客户高层为李总?他的下属,关系一般的朋友,关系疏远的同事,想讨好、利用他的人,等等。所以,当你称呼他为李总时,可能就唤起他对这种称呼的下意识感觉了。而这种感觉对销售人员与之打交道而言可不是一种好的感觉。

所以,称呼客户高层名字看似平常,其实很重要。如果你还担心,我提醒你,至少因为一点你可以不用担心:你是通过熟人介绍才给他打电话的,有熟人的“面子”,他肯定不会因为这点“不礼貌”而拒绝你的,尽管放心。

为什么给客户高层一个时间选择?

在跟客户高层确定见面时间时，总让销售人员纠结：客户高层那么忙，如何跟他确定时间呢？很多的书籍、培训都建议销售人员采用二选一法，即跟客户高层说："今天下午3：00或明天上午10：30，哪个时间你比较方便？"

问题在于这种方法有操纵他人的嫌疑，而且客户高层已经听过无数次了，如果你再用这种方法，他会感觉厌烦，认为你在试图操纵他，客户高层更倾向于对事情保持控制。这可能让他对销售人员一开始就有不好的印象，即使他出于熟人的"面子"见了销售人员。

这时给客户高层提供一个时间选择，例如，下周二下午还是下周三上午，就显得很重要。如果这两个时间都不合适，就问："你什么时间方便呢？"

（三）熟人推荐注意事项

1. 是帮助推荐，不是帮助接洽

接洽的目的是与客户高层面谈。如果熟人在向他的朋友——客户高层推荐你时，又能够帮助你约客户高层见面当然好。但如果你跟熟人关系一般，你请他帮助的目的又是请他约客户高层见面，就会增加"难度"，他有可能不愿意推荐了。记住，你要做的是跟客户高层联系上，把有"难度"的事——约见面留给自己做。

2. 要"正式"跟熟人谈推荐

最好不要通过打电话跟熟人谈，而是与熟人面谈，请他当面打电话给客户高层，这样你可以掌握他向客户高层推荐的情况。客户高层那么重要，花这点时间是值得的。

3. 要向熟人反馈信息

销售人员要熟人推荐客户高层，通常情形是这样的：在销售人员为如何认识一位客户高层而发愁的时候，他想到了一位朋友认识这位客户高层，于是请这位朋友帮助引见。很幸运，他的朋友答应帮忙，并且帮助他接洽成功。于是，这位销售人员非常开心，在感谢这位朋友之后，就忙着开展与客户高层打交道的工作，而将这位朋友从此“忘记了”，再也不和他联系，即使再联系，也是很久以后的事情了。发现问题了吗？是的，他忘记了向引荐他认识客户高层的熟人反馈信息。

为什么说向引荐销售人员认识客户高层的熟人反馈信息很重要？

（1）熟人向他的朋友——客户高层推荐销售人员，会担心客户高层是否给面子、是否会答应见他推荐的朋友。

（2）熟人把这位销售人员介绍给客户高层时，是以他与客户高层的关系做基础的，对他是有风险的。因此，他会感到不安，担心这次介绍会影响他与客户高层的关系。如果客户高层对他介绍的这位销售人员感到满意，将有助于他们之间的关系，如果对销售人员不满意，则会损害他们之间的关系。所以，他会关心销售人员与客户高层打交道的情况，以消除不安、不确定感。如果销售人员不向熟人反馈信息，这种不安就会一直持续，给他造成了心理负担，他会感到不满，严重时会恼怒，甚至愤怒，后悔做了这次引荐。

（3）熟人把客户高层推荐给销售人员认识，应该说是对销售人员的帮助。通常人们的心理是不一定希望有回报，但肯定不希望被忘记，也就是通常所说的被“过河拆桥”。

如果销售人员从此再也不跟他联系，不就是让他有“过河拆桥”的感觉吗？销售人员与这位熟人的朋友关系，有可能因为这种感觉而变得疏远，下次他还会帮忙吗？

一件原本对销售人员与客户高层打交道有帮助，也有助于增进销售人员与熟人感情的“多赢”的事情，如果因为销售人员认识不到位、做得不到位，而变成可能有损于销售人员与朋友的关系，有损于销售人员与客户高层打交道的不利的事情，不是很可惜吗？从这个角度说，销售人员要成为了解人的心理、了解人性方面的专家，不是没有道理的。

如何向熟人反馈信息呢？建议遵循表 5－3 的做法。

表 5－3 向熟人反馈信息

时间点	熟人心理	如何做
第一次跟客户高层联系	客户高层是否信任他，或者通俗地说是否给他面子	告诉熟人：已经跟客户高层联系了，说一下大致的联系情况
第一次见到客户高层	销售人员表现如何，是给他们的关系加分了还是减分了	将见面的情况跟熟人大概说一下
再次见到客户高层 如果没有再次见到客户高层，就要在距第二次跟朋友反馈信息 2～3 周后与朋友联系	销售人员与客户高层交往，是给他们的关系加分了还是减分了 销售人员是否“过河拆桥”	将再次见面的情况跟熟人大概说一下 没有见客户高层也要跟熟人联系，交流一下，或请他再次跟客户高层沟通
在朋友推荐客户高层之后的 3 个月内，不定期反馈信息	为帮助了朋友而感到开心	跟熟人联系、交流

二、通过下属与客户高层接洽

在实际销售工作中，很多时候销售人员是先与客户高层的下属认识，向他们销售，然后再与客户高层打交道。一般来说，下属不会主动引荐他的上司——客户高层。因为客户高层通常是不见销售人员的，下属的一个主要作用就是帮他挡住销售人员。如果让销售人员直接与他的上司联系，局面就不受他控制了。如果下属偏向于竞争对手的销售人员，那么，他更要阻挠销售人员与他的上司见面。这就产生两个经常让销售人员感到为难的问题：如何让下属引荐？下属要是不愿意引见，销售人员应该怎么办？

很多书籍、培训都对这两个“难题”大加分析，长篇大论，分析下属心理，给出很多种“解决方案”，结果销售人员还没看完、听完就先“晕了”，对跨过“这道坎”更失去了信心。

为什么会这样？

第一，没有信心。

他们只是从销售人员与下属打交道的角度考虑，或者说从下属“心理”、下属“愿意”的角度出发考虑解决这个问题，而没有从销售人员与客户高层打交道的角度出发考虑解决这个问题。

如果只是从销售人员与下属打交道的角度考虑，如图 5－1 所示，下属就成为销售人员与客户高层打交道的“障碍”，就必须考虑下属“心理”、下属“意愿”。潜在的意思就是，怎样才能让下属“愿意”，如果他不愿意，他就会不高兴。而要让下属“愿意”，就要让下属觉得引荐对自己有好处，就会引出销售人员要取得下属的信任，与下属建立很好的关系，特别是私人关系，要让下属觉得引荐这件事对他有好处等一大堆“问题”。如此一来，在实际工作中，销售人员就会花费大量的时间、精力在下属身上。

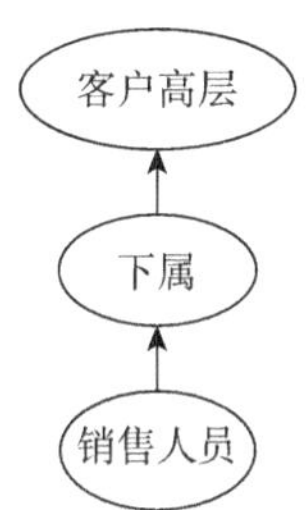

图 5－1　从销售人员与下属打交道的角度考虑

如果从销售人员与客户高层打交道的角度考虑，如图 5－2 所示，销售人员能够与客户高层打好交道，还用担心下属“不愿意”“不高兴”吗？所以，这里的重点是与客户高层打交道、与客户高层接洽，而不是下属愿意不愿意、高兴不高兴。这样考虑，是不是少了下属“愿不愿意”这个“包袱”？对跨过“这道坎”有信心了？虽然你可能还是不会立即有信心，但至少少了“包袱”，轻松了。

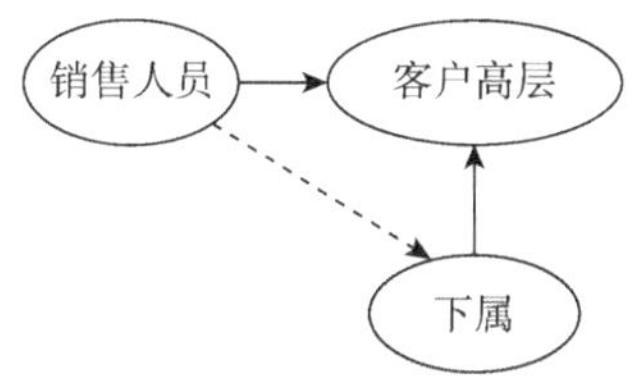

图 5－2　从销售人员与客户高层打交道的角度考虑

在此强调，并不是说销售人员能够与客户高层打交道，就不重视与下属打交道了，或“看不起”下属。相反，如果销售人员能够与客户高层打交道，对下属更应该重视。因为此时下属会因此变得敏感起来，他会想，你会不会因为认识了上司而“忽视”他，或变得“趾高气扬”。

第二，只是从“理论”出发，缺乏与客户高层打交道的实际经验。

在实际工作中，下属“理论”上虽然是“不愿意”销售人员与他的上司——客户高层打交道，但只要销售人员能够与他的上司接洽、打交道，由于“移情效应”，他对销售人员的看法就会发生改变。那么，他的心理就会由“不愿意”转变为“配合”，此时，只要销售人员给他一个合理的“理由”，或者说合理的“解释”，也就是通常所说的“下台阶”，一般情况下，这种“不愿意”心理就没有了。你或许还会问，要是还“不愿意”怎么办？我的回答是请看上面第一点，你要有信心。

（一）如何让下属引荐

究竟如何做才能让下属引荐呢？

（1）自信。只有这种自信，你才不会为下属“不愿意”的心理担忧，在下属不愿意引荐时保持平静、从容。

自信要求销售人员在必要的时候“大胆”地向下属提出来：请他引荐客户高层，只是注意运用适当的方法就可以了。

（2）尽量做到让下属愿意引荐。根据经验，销售人员如果做到以下事项，下属通常是比较愿意引荐的。

①具有可信度。

②建立良好关系。

当下属认为销售人员值得信任，具有能够帮助自己解决问题的能力和知识，与他的上司见面不会给自己带来不好的影响，而是对他有好处，并且与销售人员关系良好时，他就比较愿意引荐他的上司。

（3）测试下属是否愿意引荐。因为不管销售人员如何做，下属都有可能不愿意引荐。所以，销售人员需要在以下这些必要的时候，以适当的方式主动提出要见他的上司。

① 第一次与下属面谈时。当销售人员认为这家客户不太重要，或接下来有必要尽快与客户高层打交道时，虽然第一次面谈就要求下属引荐有点冒险，但这可以让你的面谈更加有效，将时间花在更重要的客户上。

② 销售进展到需要客户高层参与的程度。与下属该谈的都谈了，该做的都做了，如产品试用也做了等，销售似乎“卡住”了。此时，销售人员需要与客户高层打交道，以影响、推动销售进程，就必须测试下属是否愿意引荐客户高层。

③ 销售人员认为适当的时候。如与下属见面超过三次，认识下属时间超过两个月，都可以考虑测试下属是否愿意引荐。

适当的方式是指销售人员需要找出，或者创造出要见客户高层的“理由”，再以这个“理由”跟下属提出见客户高层的要求。

这样可以使“要见他的上司”的要求显得很自然，下属不容易拒绝。如果能够让这个要求显得对下属有好处，就更能提高成功率了。那么，如何来找出要见客户高层的“理由”呢？建议如下：

注：假设下属叫马凯，他的上司——客户高层是李涛。

（1）将“理由”与销售相关联。

销售人员找“理由”的最好、最自然的方式是将“理由”与销售进程相联系。一般来说，为了推进销售进程，销售人员需要开展技术交流会，产品试用，产品试用结果汇报，邀请客户参观自己的公司、展览会，与下属的多次面谈等活动，这些都可以成为要见客户高层的最好、最自然的“理由”。

例1：销售人员与下属面谈了几次，已经确认要举办技术交流会，此时，销售人员就可以很“自然”地跟下属说：“马凯，在举办技术交流会前可以请你安排让我见一次李总吗？我可以跟李总了解一下他对技术交流会的看法与要求，这样我们的准备工作就能做得更好了，使技术交流会更成功，李总更满意。”

例2：在第一次面谈时，销售人员与下属谈好，下次去他们的公司了解存在的问题，此时，销售人员就可以很“随意”地跟下属说：“马凯，下次去你们公司了解问题，可以顺便请你安排让我和李总谈谈吗？这样，我就可以了解李总对这些问题，以及解决这些问题的看法，使我们能够更周全地考虑这些问题的解决方案，使问题解决得更好。”

例3：销售人员邀请下属参观自己的公司，下属已经同意了，此时，销售人员就可以很“自然”地跟下属说：“马凯，在参观前可以请你安排让我见一次李总吗？我也想邀请他参加，这样可以让你与李总对我们的看法一致，省了你跟他汇报的麻烦，也可以让你和李总有更多的时间交流。”

例4：销售人员常去客户公司与下属面谈，就要留意能否碰到客户高层。如果销售人员与下属在生产车间讨论问题，客户高层恰好也来到车间，此时，销售人员就可以很“自然”地跟下属说：“马凯，那是李总吗？可以帮我引荐一下吗？”

（2）将“理由”与销售人员相关联。

将“理由”与销售人员相关联，也是一种不错的“创造”理由的方法，特别适合销售人员与下属认识了一段时间、见过几次面的情况。

销售人员去拜访客户，除了有销售产品或服务的“显性”责任外，还有一些“隐性”责任，使得销售人员“必须”与客户高层打交道，而这就构成了销售人员对下属说的“理由”。

“隐性”责任要求销售人员“掌握”客户，这就要求他与客户高层打交道。销售人员的上司，如经理、总监等，到客户公司了解情况，此时，销售人员有“隐性”责任：能够帮助安排他们拜访客户高层等。

例1：如果销售人员的经理两周后要到客户公司了解销售人员的工作情况，此时，销售人员就可以有些“担忧”地跟下属说：“马凯，我的经理两周后要到你们公司了解我的工作情况，他要我安排拜访李总。你看在这之前，可以请你引荐让我见一次李总吗？”

例2：如果销售人员与下属认识了3个月，见过三四次面，此时，销售人员就可以很“自然”地跟下属说：“马凯，我们认识很久了，公司要求我要跟李总交流，你可以引荐我见李总吗？”

当销售人员向下属提出要见他的上司，如果下属愿意引荐，那么，对销售人员来说就是“形势大好，一片光明”；下属如果不愿意引荐应该如何做？

（二）下属不愿意引荐怎么办

下属不愿意引荐的原因是多方面的，但有一点是肯定的，就是他对销售人员“不友好”。因此，销售人员没有必要再花时间、精力找原因，以及让下属对自己“友好”，要做的是保持平静、自信，自己找到一套策略或方法，与客户高层接洽。与客户高层接洽策略需要考虑以下两个方面。

（1）销售人员自己与客户高层接洽。这需要销售人员找到方法与客户高层认识、熟悉起来，直至进行第一次面谈，即接洽成功。

（2）给下属一个“台阶”下。虽然下属对销售人员“不友好”，不愿意引荐，但如果销售人员与他的上司——客户高层接触而不告诉他，在他看来就是“越级”了，他就会不满。当然，也会“无奈”。所以，销售人员有必要让他知道，向他“解释”一下，即给他一个“台阶”下，以利于以后跟他打交道。

销售人员自己与客户高层接洽的方法：

（1）找熟人引荐。此时回过头再仔细看看，是否有熟人能够帮助推荐。

（2）如果没有熟人引荐，建议方法如下：

第一步，利用“机会”认识客户高层。

销售人员可以在客户高层可能出现的地点，如他的办公室，去“正式碰到”他，然后打招呼，做一个“正式”的自我介绍，作为认识他的“起点”。这里有三个要点需要注意：

首先，在这之前，最好有一个给客户高层留下“印象”的过程，以确保这次“正式碰到”的成功率。销售人员可以利用去客户公司的机会，“非正式碰到”客户高层，如在前台、办公室、车间、饭堂等地遇到他，跟他点头、微笑，“自然”地打招呼，给他留下印象，俗称“混个脸熟”。如此三四次，给他留下印象后，再去“正式碰到”。

其次，“非正式碰到”时，如果有下属在场，效果更好。因为这样可以减少客户高层对陌生人的“戒备感”。所以，如果销售人员与下属在会议室开会，客户高层恰好来到会议室，此时，销售人员最好能“迫使”下属“引荐”一下。销售人员可以对下属说：“这是李总吧?”如果下属“引荐”最好，如果不“引荐”就要主动跟他点头、微笑、打招呼。

最后，在“正式介绍”自己时，要为以后跟他联系做好铺垫。例如，我以后发些资料给你。

第二步，告诉下属，向他“解释”一下。

认识客户高层后，销售人员就可以适时地跟下属说：“那天我遇到了李总，跟他聊了一会儿。”让他知道你认识了他的上司。

如果你与客户高层打交道有经验，你就会感觉到从此时起，下属对你的态度发生了“微妙”的变化：他知道自己再也不能“阻止”你认识上司了，一般来说，他对你会比之前“友好”，至少表面上是这样。

第三步，与客户高层熟悉起来，直至可以进行第一次面谈，即接洽成功。

要注意：在与客户高层熟悉起来的过程中，让下属参与进来。这就可以“不知不觉”地转变下属对你的态度。例如，在发给他的上司邮件时，抄送给下属，或给下属发邮件时，抄送给他的上司。

【案例】下属不愿意引荐，也没有熟人推荐，如何与客户高层接洽

仍以张威做例子。马凯不愿意引荐，也没有熟人推荐，张威如何与李涛接洽呢？如表5－4所示。

表5－4　下属不愿意引荐，也没有熟人推荐时怎么办

步骤		做法要点
第一步，利用“机会”认识下属的上司	“非正式碰到”	张威在办公楼前台碰到李涛，主动地跟他点头、微笑、打招呼 张威和马凯在生产车间谈事情，李涛正好经过，张威主动地跟他点头、微笑、打招呼 张威中午在饭堂碰到李涛，主动地跟他点头、微笑并闲聊说：“李总过来吃饭啦。”
	“正式碰到”	一次“经过”李涛的办公室，看见只有李涛一个人在，就主动敲门，跟李涛介绍说：“李总，你好！我是双元仪器公司的销售工程师张威，我看见你好几回了，今天刚好路过，过来认识你。” 张威说完，递上自己的名片，并要了李涛的名片，然后张威说：“李总，我现在在帮助你们公司解决计量检测仪经常出现测量不准的问题，我想将有关计量检测技术、解决方案的资料也发给你看看。”李涛说：“好。”
第二步，告诉下属，向他“解释”一下		在“正式碰到”李涛后，张威在跟马凯聊天时，顺便跟他说：“那天我见到了李总，跟他谈了一会儿。”
第三步，与客户高层熟悉起来，直至可以进行第一次面谈，即接洽成功		在“正式”向李涛介绍自己后，张威将公司介绍及一些技术资料发给了李涛，并抄送给马凯 张威打电话给李涛，跟他确认是否收到了邮件 在与马凯谈了下一步的计划后，张威将会谈内容整理后给马凯发邮件，并抄送给李涛 期间利用节假日，张威给李涛发了问候信息 在做了产品试用后，张威就如何解决他们公司存在的计量检测问题给李涛打电话，请求与他面谈

采用上述策略、方法，就能很“自然”地让客户高层对销售人员有足够的印象和信任，面谈就能“水到渠成”。同时，将下属也纳入这个过程中，建立起销售人员对他的影响力，改变他对销售人员的态度。

三、通过电话与客户高层接洽

如果运用得好，利用电话（指陌生电话）与客户高层接洽是一种高效的方法。但实际情况是，很多销售人员认为给客户高层打电话很难、成功率低、压力很大。

因为他们对使用电话与客户高层接洽的方法缺乏认识，打电话的目标还是希望像给客户一般人员打电话一样，或者像销售简单的、小额的销售电话一样，要一次成功。如果不成功，就使用所谓的“电话技巧”“求”客户高层，或者“骗”。但是，正如本章开始分析的那样，对要求见面的陌生电话，客户高层一般是拒绝的。销售人员这么做，能让他不烦、不拒绝吗？所以，如果打电话的目标是第一次打电话就要成功约客户高层见面，那么成功率确实不会高，销售人员的压力也很大。

因此，要做好打电话与客户高层接洽的关键是将打电话的目标——从第一次打电话就要成功约客户高层见面分解为：

（1）成功约见面（如果客户高层同意最好）。

（2）客户高层同意一件销售人员可以跟进的事。

因为有这件“事”，销售人员有“理由”跟客户高层保持联系，再一步步加深与他的关系，进而达到成功约见面的目标。

所以，我们提供一套结构化的通过电话与客户高层接洽的策略：

第一步，介绍及要求见面。如果客户高层同意见面就结束通话；如果不同意则进入第二步，这一步的重点是简单介绍销售人员自己及公司、见面的目的，再直接要求见面。

为什么强调是见面的目的，而不是打电话的目的？

见面的目的是销售人员想帮助客户高层解决一些问题，这样客户高层才会继续听下去，才有可能同意见面。我们与客户高层打交道的原则是面谈要对客户高层有价值。

为了强调你能够帮助客户高层解决问题，以及证明你的能力。所以，需要提及客户高层公司存在的问题及你的成功案例。

打电话的目的是销售人员要求与客户高层见面。自然，他是不会关心的。

【案例】电话拜访

“请问是李涛李总吗？我是双元仪器公司的张威，我们是专门为你们这样的发动机厂提供计量检测技术解决方案的公司，上个月我们刚为福瑞发动机厂解决了计量检测仪器经常坏的问题，我了解到贵公司也存在因检测仪器故障造成停线的问题。所以，我想就这方面的问题当面跟你交流一下，看能否在这方面为贵公司提供帮助。你看是下周二下午还是下周三上午比较方便？”

如果你能够按照上述范例给客户高层打电话，根据我们的学员反映，比没有按照范例给客户高层打电话成功率提高3~5倍。

如果李涛不同意见面，则进入第二步。

第二步，提出一件客户高层不会拒绝的、销售人员可以跟进的事。

这一步很重要，它是与给客户一般人员打电话，或者像销售简单的、小额的销售电话区别的关键。

这一步的重点是，当客户高层拒绝见面时，不要焦躁、着急（注：此时很多销售人员因为害怕客户高层挂掉电话，达不到要约他见面的目标而变得焦躁、着急，使用“求”或“骗”的方式），而是表示理解并保持平静，提出一件他不会拒绝的、销售人员可以跟进的事，如说发一些资料给他，一般来说他会同意、不会拒绝。这样，销售人员就有“理由”跟他保持联系了。

例如，李总，我给你发一封邮件，先介绍一下我们公司及产品和服务，使你对我们先有一个初步了解，等你有时间再拜访你。

第三步，逐步增进与客户高层的关系，达到成功约见面的目标。这一步的重点是要记住建立印象、信任需要时间，不能着急。

例如，发完邮件后，给李涛打电话确认他是否收到邮件；三四天后再给李涛发一份资料；利用节假日，给李涛发问候信息；看到有关计量检测的新闻或资料，发给李涛；再次打电话给李涛，要求见面。

由于有多次与客户高层“接触”的机会，他对销售人员的印象逐步加深，这样再打电话约他见面，成功的概率会提高，而且以这样的策略与客户高层接洽，销售人员就不会有“想要第一次打电话就成功”的压力。

四、通过邮件与客户高层接洽

通过邮件也能有效地与客户高层接洽，传递的信息要比打电话多，同时还能避免打电话的“压力感”。一封好的邮件要注意以下方面：

（一）邮件主题

写“邮件主题”要注意两点：

（1）所写的内容要引起客户高层的注意，让他感兴趣。

客户高层很忙，每天收到很多邮件，其中，就有很多陌生的销售邮件。为了不浪费宝贵的时间、提高效率，他一般只看“邮件主题”，如果不能引起他的注意，让他感兴趣，他就会当作垃圾邮件直接删掉，看都不看。所以，引起客户高层让他感兴趣，就成为写“邮件主题”要考虑的关键因素。

那么，什么字词或句子能够让客户高层注意，感兴趣呢？对，就是那些他正在关心的问题，如客户高层现在很关心如何解决计量检测仪经常坏，造成停线的问题，如果你写关于解决计量检测仪经常坏，造成停线的问题，请想象一下，他正在为解决这个问题而“困扰”的时候，突然看到有可能帮助他解决这个问题的信息，他能不看吗？他会“眼前一亮”，立即打开邮件的。

另外，跟他工作相关的字词或句子，如降低生产成本、减少生产事故、提高生产效率、提高安全系数，等等，都能引起他的兴趣。

当然，如果你的“邮件主题”是“请求见面”，客户高层是不会看的。因为这是你的事，他为什么要浪费时间看呢？

（2）表达意思要清楚，不要让客户高层猜。

有很多销售人员在写“邮件主题”时，写得太“简洁”，信息太少，意思不清楚，要客户高层猜。现在你应该很清楚，客户高层是不会猜的，而是直接删掉。以“关于解决计量检测仪经常坏，造成停线的问题”为例，分析如下：

如果写成“关于解决计量检测仪经常坏，造成停线的问题”，意思很清楚，不用猜。

如果写成“解决计量检测仪经常坏，造成停线的问题”，意思清楚，但会让客户高层在看整个收件箱“邮件主题”时感觉“突然”。

如果写成“解决计量检测仪经常坏”，信息就少了“一半”，要客户高层“联想”：这会造成停线的问题。

如果写成“计量检测仪”，信息就“不够”，就产生歧义，要客户高层开始猜了，而很多销售人员通常就是这么写的。

所以，建议在写“邮件主题”时，一是用完整的句子，但不要超过两句，字数不要太多，以致读起来“费力”或显示不出来；二是最好在前面加上“关于”。

（二）邮件内容

请看图5-3范例，包含以下几个部分：

（1）简单介绍销售人员自己及公司。

销售人员经常出现的问题是将“一大堆详细的公司介绍”放在这里，导致客户高层不愿意看下去了。要知道，客户高层不关心这些，他只关心你能帮助他解决什么问题。所以，这里的介绍只是让客户高层知道你是谁及你的公司名称。

“详细的公司介绍”应放在邮件后面，但要注意：第一，即使是“详细的公司介绍”也不是随意的“详细”，重点是体现公司具有解决客户高层所面临问题的能力，使客户高层建立对自己的信任；第二，不

收信人:
抄送
主题 关于解决计量检测仪经常坏，造成停线的问题

李总:

你好！冒昧直接发邮件给你！我是双元仪器公司的销售工程师张威。我们专注于汽车行业的计量检测技术与设备，与贵公司开始有一段时间接触与交往。

通过与贵公司的交往，我们发现贵公司在发动机组装及发动机零配件计量检测方面，存在着需要改进的情况。有些问题可以说在生产线开始规划时就遗留下了，如计量参数的设置标准偏低，计量检测仪的安装位置不合理等，造成留下安全隐患，及计量检测仪容易坏等问题；导致经常停线，生产成本的增加；而更重要的是对此却还没有认识到（抱歉我这么认为）。

我们在这方面有着丰富的经验与专业的知识，3个月前我们为福瑞发动机厂解决了计量检测仪器经常坏，造成停线的问题，帮助它们减少损失超过120万元。

所以，我们希望能够拜会李总，就有关发动机组装及发动机零配件计量检测方面问题与李总沟通，进而能够与公司相关高层做一个技术交流，以期能够帮助雷沃公司消除在计量检测方面的隐患，与降低生产成本方面做出贡献。

注：双元仪器公司简介

双元仪器公司是一家德国公司，有130多年的历史，是全球汽车行业最大的计量检测仪供应商，我们的客户包括大众、通用、福特、丰田、本田、奇瑞、吉利、江铃等。

我们的经营理念是："不仅是检测仪器供应商，更是提高生产力的合作伙伴"，帮助客户创造价值；我们在计量检测技术、减少检测误差、降低使用成本等方面有丰富的经验与专业的知识。

请李总能安排时间面谈为盼，谢谢！

张威
电话
华南区销售工程师
双元仪器公司
网址

图5－3　通过邮件与客户高层接洽范例

能太长，要“简短”，因为客户高层没有时间看那么多内容；第三，不要使用附件。

（2）指出客户高层的公司存在的问题，强调自己公司的行业经验与专业能力。

这才是邮件的重点，要指出客户高层的公司现在存在的问题、问题产生的原因，以及可能导致的后果，越具体越好。用自己公司成功的案例证明自己公司有能力帮助客户高层解决问题，建立他对自己的信任。

写完后把自己想象成客户高层，读一遍。要让客户高层读了邮件有种“还真的挺了解我的问题，有必要跟他见面谈谈”的感觉，那么，这封邮件就成功了。

（3）直接要求拜会客户高层。

在做培训讨论时，经常有学生说此时应该为打电话联系客户高层做铺垫，所以，要加上一句话，如“我会在明天上午10：30给你电话，以确认见面时间。”我的看法是：

一是这有操纵客户高层的嫌疑，让他有“压迫感”，而客户高层是不喜欢被操纵的。

二是如果你的邮件得到客户高层的认可，取得他的信任，你“明天上午10：30给他电话”，他同样不会拒绝你。另外，如果取得客户高层的认可，他有可能主动给销售人员打电话。写上“给他电话”，这种可能性就会降低，因为他认为你会给他电话。因此，不写“给他电话”不是更好吗？

（三）邮件签名

邮件签名也是销售人员经常忽视的地方。很多销售人员只是在后面加上自己的名字，这显得很不专业。所以，建议采用标准格式或公司的模板，一般要包括姓名、联系电话、职位、公司名称等内容。

在图5-3中，这位销售人员向客户高层显示了自己了解他所面临的问题，包括提及与他的公司有交往、指出他现在面临的问题、问题产生的原因，以及可能导致的后果。同时，这位销售人员还向他展示了自己公司的专业能力，包括强调自己公司的专业领域、历史，列出成功案例及服务过的客户。这将帮助客户高层建立对销售人员足够的可信度，使他期待与销售人员面谈。

在培训中，经常有学员问我如何做陌生拜访？我反问他：“你所指的陌生拜访是什么意思?”他回答:“就是在对客户高层一无所知的情况下去拜访他。”

我听后常无言以对。我知道他们的意思:在对客户高层一无所知的情况下,如何“骗过”门卫、“骗过”前台、“绕过”秘书,然后直接敲他的门去“拜访”。但我要说的是,虽然“勇气”可嘉,但这是“自杀式”的、愚蠢的与客户高层接洽的方法。他们提出这样的问题就表示他们还是想用销售简单的、小额的销售策略、技巧,或者想用与客户一般人员打交道的策略、技巧与客户高层打交道,而这和专业地与客户高层打交道的策略、技巧是格格不入的。

因此,我强烈反对这种所谓的“陌生拜访”。

在销售人员“不认识”客户高层的情况下,我们在前面介绍了与他接洽的有效方法,如通过打电话、邮件等方式,但“不认识”不等于对客户高层“一无所知”,相反,如果销售人员按照第四章所介绍的“客户高层分析”去做,那么,他对客户高层是很“熟悉”的,只是没有见过面而已。

如果你对客户高层很“熟悉”,又与他接洽好,准备见面,那么就请继续看下一章。

第六章

Chapter 6

如何有效地进行第一次面谈

如果客户高层同意与你见面，那么恭喜你！因为你已经在他繁忙的日程表上占有一席之地，而其他销售人员可能还在为此绞尽脑汁，但问题也随之而来，如何与客户高层面谈？实践中，确实有很多销售人员因为与客户高层的第一次会谈没有谈好，而导致以后要见他就越来越难，甚至见不到他，要与他打交道根本就无从谈起。与客户高层的第一次面谈真的这么难吗？应该怎么做？这是很多销售人员急切想知道的。

一、客户高层有哪些担忧

要使第一次面谈成功，首先要做的就是了解客户高层在第一次面谈时担忧什么，这样才能在面谈时有针对性地消除他的担忧，消除面谈成功的阻碍。客户高层的主要担忧：

（1）是否会浪费他的时间。客户高层都很忙，时间很宝贵，他不希望浪费每一分钟。

（2）销售人员是否值得信任。既然客户高层愿意花时间与销售人员进行第一次面谈，那么，他就要确认销售人员是否值得信任。如果销售人员不值得信任，他是不会与销售人员做生意的。

（3）面谈是否有压力。客户高层的压力已经很大了，他不希望面谈再带来压力。因此，他希望面谈能够轻松，不希望销售人员使用高压手段，并且不喜欢马上做出任何承诺。人一旦给出承诺就会有压力，客户高层也一样。

二、第一次面谈的目标

很多销售人员的一个主要问题就出在面谈目标上，他们第一次面谈的目标是成交。很多书籍、培训虽然没有明确地讲第一次面谈目标就是成交，但它们所教授的内容，所讲的策略、技巧，都是围绕第一次面谈就要成交展开的。“但在大多数大订单销售中，不足10%会简单地以订单有没有成交而结束第一次面谈。”美国销售大师尼尔·雷克汉姆（Neil Rackham）如是说。他接着说：“第一次面谈就要成交的要求，对于简单的、小额的销售或许合理，但对于大额的、复杂的销售就不合理了。相反，因为要第一次面谈就成交而过多地使用成交技巧，可能更多的是起反作用。”所以，与客户高层第一次面谈的目标不应该是成交，那应该是什么呢？

要正确回答这个问题，可以从两个方面分析：

首先，从客户高层的角度看这个问题。

通常情况下，客户高层是不会在与销售人员进行第一次面谈时就做决定的，即使是销售人员所提供的产品和服务能够帮助他解决所面临的问题，同时还能获得十分可观的利润。在第一次面谈时，客户高层通常考虑的是：这位销售人员是否了解我公司所面临的问题？是否是一位行业专家？是不是具有帮助我解决问题的能力？花时间与他进行面谈是不是值得？以后是不是值得我再花时间与他打交道？

第一次面谈就要成交只是销售人员的想法，而不是客户高层的想法。因此，从客户高层这个角度分析，**第一次面谈的目标是建立客户高层对销售人员的信任**。一般来说，与客户高层打交道，第一次面谈就要成交从开始就注定失败了。

其次，从销售人员与客户高层打交道的目的来看这个问题。

毋庸置疑，销售人员与客户高层打交道的目的当然是成交，而要成交就需要一个过程，如图6-1所示。

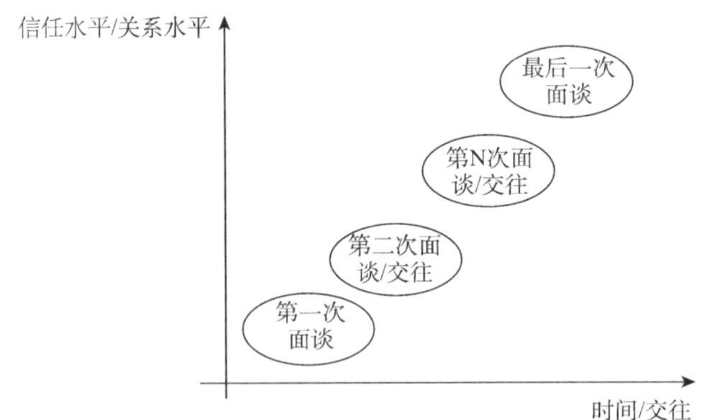

图6-1　销售人员与客户高层打交道的过程

在这个过程中，销售人员通过不断与客户高层面谈、交往，逐步推进销售进程，向成交靠近，直至最终成交。此时，销售人员与客户高层的关系也由第一次见面时“客户高层不认识、不信任销售人员”的关系，达到成交时“客户高层与销售人员很熟、很信任销售人员”的关系。所以，第一次面谈的“结果”只是整个销售进程中的一部分，即推进销售进程的第一步。

而第一次面谈如果没有得到这个“结果”，就会使销售人员失去下一步与客户高层联系的“依据”，从而使销售处于“中断”的状态。因此，从这个角度分析，**第一次面谈的目标是达成一个能够推进销售进程的具体目标，或者增进与客户高层关系的具体目标。**

将第一次面谈的目标定义成这样非常重要。

（1）它让销售人员没有了“第一次面谈就要成交”的沉重的“压力感”，也让客户高层没有了要“拒绝成交”的“压力感”，使面谈气氛从“沉重、对立”转而变成“轻松、交流”，从而轻松面谈。

（2）因为不是要“成交”，销售人员从需要“求”客户高层“成交”转变成为他解决问题，也使销售人员从“低于”客户高层的状态转变为与他“平等”的状态。如果做得好，甚至能够成为客户高层的“老师”，这对销售人员非常有利。

每当我这样分析完“第一次面谈目标”时，很多学员的脸上都会闪现一种“如释重负”的表情，紧接着就是为这样清晰理解“第一次面谈目标”而感到开心。

那么，如何实现这两个目标呢？

（一）如何让客户高层信任你

由第一次面谈时客户高层的考虑可知，他对销售人员的信任是指销售人员是否具有帮助自己解决问题的能力，销售人员要做的就是在面谈时展现这方面的能力。

现在，我通过两个方面展现这种“能力”，如图6－2所示。

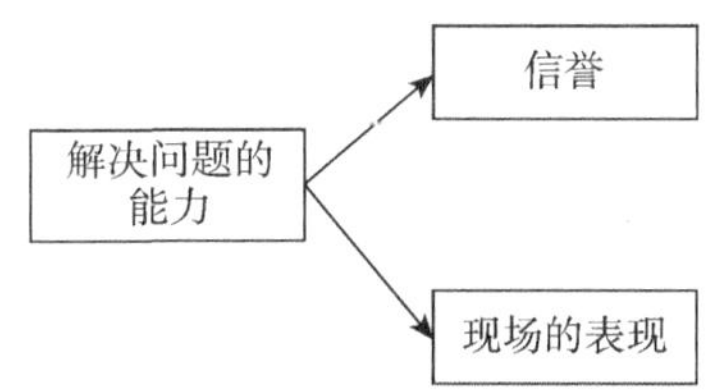

图6－2　销售人员是否具有帮助客户高层“解决问题的能力”

（1）“信誉”。销售人员可以通过介绍公司的声誉、所取得的成绩来体现这种能力，包括成功案例、合作的客户、公司在行业的地位、公司的宗旨、销售人员的从业时间等。

（2）“现场的表现”。销售人员可以通过谈谈客户高层面临的问题，产生问题的原因，问题可能导致的后果，客户高层关心的行业、市场、竞争对手等信息展现这种能力。

（二）如何设立第一次面谈的目标

对于简单的、小额的销售，第一次面谈只有成交、不成交两个结果。

对于与客户高层第一次面谈，面谈结果就复杂些，如表6－1所示。所以，衡量面谈结果的标准就是是否达成了一个能够推进销售进程的具体目标。如果达成了，就是好的面谈结果；如果没有达成，就是不好的结果。客户高层不愿意再见销售人员，也是不好的结果。

表6－1　与客户高层第一次面谈结果

成功：	成交（可能性很小）
	达成一个具体目标（推动销售向前进）
不成功：	没有达成一个具体目标（使销售中断）
	客户高层不愿意再见销售人员（与客户高层打交道中断，或失败） 不成交

为什么说要实现第一次面谈目标，就要将有经验的销售人员与没有经验的销售人员区别开来？

没有经验的销售人员，他们的面谈目标是：

要么目标不切实际：希望能够成交。要么目标是“收集信息”，或“与客户高层谈得很愉快”等。

“收集信息”“与客户高层谈得很愉快”，这些目标并没有错。找到更多的信息，与客户高层谈得很愉快，也有助于与他打交道。但是，这类目标不会使销售向前推进，即下一步怎么办？下一步如何与客户高层联系？这使得销售处于“中断”状态。

更有甚者，有些销售人员根本就没有目标。他们与客户高层面谈，只是在那儿与他东拉西扯。如果硬要说他们有目标，那也是让客户高层“认识”一下。但是，客户高层这次“认识”了这位销售人员，下次他就再也不想“认识”这位销售人员了。

“在实际工作中，真正有经验的销售人员的面谈目标是选择那些客户高层容易接受的具体目标，然后有计划、有步骤地推动销售进程，直至最终成交。”销售大师尼尔·雷克汉姆如是说。

接下来分析如何设立第一次面谈的具体目标。

涉及与客户高层打交道的销售，通常需要进行多次的面谈、多次的交流活动，如技术交流会、产品试用、参观销售人员的公司、参观销售人员的客户公司的样板项目等。而增进客户高层对销售人员的信任也需要多次交往。因此，**让客户高层同意参与这样的活动，**就可以作为第一次面谈的具体目标。

究竟选择哪种目标作为具体目标？这涉及目标是否容易达到，即客户高层是否容易同意。因此，具体目标要“现实”。销售大师尼尔·雷克汉姆说：“建立现实的面谈目标，达到使销售向前发展的面谈结果很关键。”根据经验，建议准备三项要进行的活动作为第一次面谈的具体目标，再根据情况最终选择一项向客户高层提出来。

表6－2给出了“是否容易达到”的经验分析。显然，要客户高层同意去销售人员的公司参观要比同意让销售人员与他下面的经理进行面谈困难得多。

表6－2　第一次面谈具体目标分析

具体目标	对于销售的促进	容易达到吗/容易同意吗
与客户高层下属进行面谈	有	容易。如果客户高层对面谈满意，他一般会同意，甚至会主动提出来
开展技术交流会	有很多	一般。客户高层一般会对此持欢迎态度
产品试用	有很多	一般
与客户高层进行第二次面谈	有很多	视面谈情况
参观销售人员的公司	有很多	难
参观展览会	有一些	难
销售人员的上司与客户高层面谈	有	出于礼貌，或许客户高层会同意，但要举行正式的会谈，取决于他对面谈的看法

三、如何进行第一次面谈

销售人员害怕与客户高层进行第一次面谈，除了面谈目标不对外，还有不知道怎样谈。为此，我建立了一套简单而有效的结构化面谈模型，帮助销售人员应对这种挑战。这样销售人员就会很清楚每一步的目的及如何做，不会像一般的销售人员，漫无目的地与客户高层谈话。

在准备与客户高层进行第一次面谈时，很多销售人员会设想面谈目标、如何去谈、如何拉近关系、如何提问、如何讲成功案例等，唯独不去考虑客户高层心理是怎样的、如何使面谈与客户高层的心理保持同步。最后的结果是他讲他的，客户高层想客户高层的。

与客户高层心理保持同步，是第一次面谈成功的关键。下面介绍的结构化面谈模型，将策略性地帮助销售人员在面谈中与客户高层的心理保持同步。同时，使销售人员能够控制面谈，最终取得面谈成功。

第一次面谈流程如下：

第 1 步：打招呼

第 2 步：介绍面谈议程

第 3 步：展示信誉

第 4 步：讨论问题

第 5 步：获取同意

第 6 步：感谢

第一次面谈流程与客户高层心理对应表，如表 6 – 3 所示。

表 6-3 第一次面谈流程与客户高层心理对应表

<table>
<tr><th>面谈流程</th><th>客户高层心理</th></tr>
<tr><td>第 1 步，打招呼</td><td rowspan="3">是否值得我花时间与销售人员谈
销售人员到底要谈什么
需要谈多长时间
销售人员有帮助我解决问题的能力吗？以前做得怎么样？解决过类似的问题吗？
希望尽快进入正式会谈，尽快得到这些问题的答案，以便尽快做出判断</td></tr>
<tr><td>第 2 步，介绍面谈议程</td></tr>
<tr><td>第 3 步，展示信誉</td></tr>
<tr><td>第 4 步，讨论问题</td><td>销售人员对我的问题了解吗？专业能力怎么样？</td></tr>
<tr><td>第 5 步，获取同意</td><td>是否值得我同意销售人员的要求
不要让我有压力</td></tr>
<tr><td>第 6 步，感谢</td><td>这次面谈感觉怎样？这位销售人员怎样？是否有必要继续与他打交道？</td></tr>
</table>

（一）打招呼

多年前，我通过努力，与一家大型制造企业主管生产的副厂长约好第一次面谈，时间是上午 10：30。为此，我做了充分的准备，10：00 就到他的公司前台登记等候。10：30，他的秘书准时带我进入他的办公室。副厂长不到 40 岁，年轻有为。我马上笑着跟他打招呼："副厂长，您好！很高兴见到您！"并称赞："副厂长很年轻啊。"我看到桌子上摆着一张照片，是副厂长一家三口在海边度假的全家福，很温馨；儿子六七岁的样子，站在中间，很可爱。随即，我将话题转到照片上。副厂长顿时来了精神，兴致勃勃地和我交谈起来。我们谈他的儿子、谈大海、谈旅游，谈得很开心。15 分钟后，我想：这次运气不错，面谈开始得很好。这时，我注意到他看了看手表，于是礼貌地问他接下来的时间安排。他告诉我 11：00 还要参加一个会议。我顿时紧张起来，匆忙地进行了后面的面谈。结果可想而知，我再也没有见到他。

每当我在培训中分享完这个故事，请学员发表看法的时候，就有不止一个学员表示：您这还算好的，还能聊15分钟。我遇到的情况更糟，我还没聊几分钟，客户高层就冷冷地说："你要谈什么？我待会儿还要开会。"

为什么会这样？后来我才明白，原来我是受了"面谈开始时要跟客户聊天、称赞客户或开一下玩笑，以拉近与他的关系"的影响。但现在我要说的是，与客户高层面谈，特别是第一次面谈，最好是简单地打一下招呼，然后直接进入主题。

可以这样做，如图6-3所示。

第1步：打招呼

李总，你好！我是双元仪器公司的张威。（然后停顿，递名片。）

图6-3　打招呼

（1）停顿。短暂的停顿和沉默能让客户高层更有机会说话，以缓解刚见面时销售人员的"局促或紧张"情绪。"停顿"很重要，是区分销售人员是否有经验的标志之一。没有经验的销售人员会"慌忙地"进行下一个动作，即"慌忙地"递名片，使自己继续"局促或紧张"。

（2）递名片。此时，销售人员一般都会向客户高层递名片。如果没有经过专业训练，多数销售人员不明白递名片的意义，以为只是一般的商务礼仪。其实，递名片有三个意思：

第一，如"停顿"一样，可以缓解见面时销售人员的"局促或紧张"情绪。如果你的面谈经验丰富，你一定会体会到通过拿名片、递名片的动作，使销售人员的注意力从"局促或紧张"状态转移到拿名片、递名片的动作上，变得轻松起来。客户高层要接名片、递名片给销售人员，双方能互动，刚开始时的紧张气氛也就消失了。

第二，得到客户高层的名片。一般来说，当销售人员递名片给客户高层时，客户高层会将自己的名片递给销售人员，但也有客户高层没有递名片给销售人员的情况。此时，许多销售人员就会少了一个关键动作：开口向他要名片。如果你能够察觉的话，此时气氛会有一些尴尬。我的建议是必须向客户高层要名片，因为这表示销售人员有信心，与客户高层是平等的，这是一次正式的商务面谈。不要担心，当你开口向客户高层要名片后，他会将自己的名片拿给你，或给你一个“自然的解释”，尴尬的气氛也就消失了。

第三，表示可以开始正式面谈了。交换完名片，就表示可以正式面谈了，这是最自然、最好的过渡方式。

递名片看似是一个简单的动作，其实“大有深意”。如果你明白了其中的“深意”，你就会做得更好、更自然。更重要的是，你再也不用“处心积虑”地考虑或者担心在面谈开始时如何去“破冰”了。

为什么与客户高层第一次面谈开始时寒暄、拉关系不好？

很多书籍、培训将面谈第一步称作“寒暄”或“建立轻松、良好的关系”，它们教导销售人员在面谈开始时要与客户寒暄、称赞客户、开玩笑、拉关系。但如前面案例所讲的，这样做不但没有效果，反而会有副作用。原因如下：

第一，这是客户高层的特点所决定的。他们很忙，希望将时间花在解决问题上。

第二，此时客户高层的心理是希望尽快进入正式会谈。

第三，如果一个你不了解的人，第一次见面就称赞你、跟你拉关系，你会有什么感觉呢？你会感到不自然、保持警觉：他为什么要这样做？同理，客户高层也有这样的感觉。

所以，为了避免误导，本书将第一步称作打招呼。

为什么不要说“很高兴见到您”？

在培训中，我发现很多销售人员在打招呼时喜欢说“很高兴见到您”。我问他们为什么这样说？他们回答“习惯这样”“老师教的”。是的，有太多的培训、书籍教销售人员在第一次见到客户高层时说“很高兴见到您”，并且称之为“商务礼仪”，但我建议不要这样说。

第一，换一个角度思考一下，在销售人员与客户高层第一次见面时，客户高层会对销售人员说“很高兴见到您”吗？答案应该是“不会”，为什么销售人员会说“很高兴见到您”呢？还是那个老问题：销售人员觉得比客户高层“低”“有求于他”，这是销售人员不自信的表现。

第二，更不幸的是，太多的销售人员在对客户高层说了“很高兴见到您”之后，做的却是在浪费对方的时间，让对方不高兴。

（二）介绍面谈议程

介绍面谈议程包括介绍面谈目标、面谈议程及大概所要花的时间三部分内容，作用是消除客户高层的担心、控制面谈走向及开始建立销售人员的可信度。

有太多的销售人员忽略了“介绍面谈议程”这个步骤，他们直接介绍产品或服务。这样做，客户高层会立刻产生反感，在自己与销售人员之间保持更大的距离，并想尽快结束面谈。正确的做法是，你应该平静地让客户高层知道拜访目的和要谈的内容，并获得他的同意。

为什么“介绍面谈议程”如此重要？

（1）在面谈的开始阶段，你的首要任务是让客户高层放松，愿意与你开展后面的谈话。客户高层喜欢在面谈前就知道面谈的主要议程，确保不会浪费时间。

（2）通过介绍面谈议程就控制了面谈的“走向”，使面谈处于销售人员的控制之下，不会变成“漫无目的”的空谈。

（3）通过介绍让客户高层知道你准备充分，他会立即对你产生好感、开始相信你、开始提高可信度。

介绍面谈议程，如图6－4所示。

第2步：介绍面谈议程

我今天来拜访你的目的是：向你介绍我们公司及我们在解决计量检测仪出现问题方面的做法，看是否能够帮助贵公司。为此，我列了一份简短的议程。

首先，我会简单介绍我们公司和我本人的情况。

其次，和你交流贵公司计量检测仪方面的情况。

再次，请你谈谈你的看法。

最后，确认下一步如何做。

（停顿一下）你看这样可以吗？（然后再停顿一下，看客户高层的反应）时间大概需要35分钟左右。

图6－4　介绍面谈议程

（1）要简短，信息清楚。

对于第三点“请你谈谈你的看法”，有不少学员开始认为信息不清楚、语句不完整，应该是“对于如何解决贵公司计量检测仪存在的问题，请你谈谈你的看法。”语句是完整的，但是啰唆，然后，我让学员将议程四点连起来读，问他们信息清楚吗？答案是肯定的，即信息是清楚的。

（2）关于面谈时间。

这也是让很多销售人员纠结的问题。很多销售人员认为在“面谈议程介绍”时，不要告诉客户高层需要多长时间，他们担心客户高层会说“不”，或者说“没有那么多时间”，使面谈进行不下去，好不容易得来的面谈机会就失去了。我的看法是要告诉客户高层需要多长时间，因为此时他想知道需要谈多长时间。

如果你接洽时做足功课（是熟人推荐的有熟人的“面子”，通过其他方式，你给他留有一定的印象），在“面谈议程介绍”时让他知道你准备充分，值得信任，一般情况下，他是愿意花时间与你面谈的，不然他为什么答应见你呢？因此，不用担心，但有两个技巧需要注意。

第一，注意最后一句话的顺序和停顿，“（停顿一下）你看这样可以吗？（然后再停顿一下，看客户高层的反应）时间大概需要 35 分钟。”

第二，要先说：“你看这样可以吗？”你按照面谈流程进行到这一步时，通常情况下客户高层会表示同意，说“好”或“可以”，所以，此时一定要停顿，让客户高层说话。而当客户高层说“好”或“可以”时，也表示他愿意花时间与你面谈。

“时间大概需要 35 分钟。”这有一个“秘密”，客户高层都很忙，每天有例会、无数的面谈，也包括与你的面谈，还要写报告、回邮件等，他们的时间不是按小时计算的，而是按分钟计算的。

如果你跟他说需要 1 小时或接近 1 小时，如 50 分钟，在他对你还不了解的情况下，他会感觉到很大的压力，容易说“不”，或者说“我没有那么多时间，只有 20 分钟”。而当他说“不”时，他就会对你产生负面看法，降低对你的信任度，进而对面谈产生抗拒心理。这是他的潜意识在起作用，甚至连他自己都意识不到。

而半个小时左右的时间，对客户高层就没有那么大的压力，那么，为什么不说“30 分钟左右”而说“35 分钟左右”呢？

原因 1：表示销售人员对这类面谈有经验，面谈可以“控制”到“分钟”，这也符合客户高层的时间概念。30 分钟是半个小时，是“小时”概念，与客户高层的时间概念不符。

原因 2：面谈通常会超过 35 分钟。说“35 分钟左右”显然更符合实际情况。当然，如果面谈进行得好，客户高层觉得谈话有价值，他不会在意多花一点时间的。如果你与客户高层面谈经验足够多，你就会发现，面谈时间延长通常是因为他对面谈感兴趣、与销售人员讨论了更多的问题，时间才延长的，其实是他自己“拖延”了时间。

但是，对于第一次与客户高层面谈，我还是建议你要训练自己有能力在35分钟内完成面谈。许多人担心时间不够，如果你错误地将第一次面谈目标定为“要成交”，时间当然不够了。

认知不协调理论由美国社会心理学家利昂·费斯汀格（1919—1989）于1957年提出。当我们的行为与自我的认知不相符的时候，我们就会觉得不舒服。所以，为了减少这种内在冲突，我们就会给自己的行动找一个理由，好跟自我认知保持一致。这是一种潜意识的活动，有时候可能连自己都察觉不到。例如，如果一个人帮了你，他的潜意识就要回答为什么“要帮你”，这时，潜意识就会告诉他：“我之所以帮销售人员，是因为销售人员不错，值得去帮。”因此，他越是帮你，就越会信任你。

当一个人对某事说“不”，他就会不喜欢，或者说讨厌这件事。

当一个人伤害他人之后，会变得更加不喜欢这人。

当一个人给另一个人帮了忙，就会对他的印象更好。

客户高层确实没有这么多时间，如果他只有15分钟时间跟你面谈，之后要去参加一个重要会议。此时，你就需要及时调整计划，与他另约时间。要记住，在他想着参加下一个会议，时间很紧的情况下，你如果坚持与他面谈是不会有好的面谈结果的。与其这样，还不如另约时间。

（三）展示信誉

展示信誉目的是消除客户高层的疑虑，建立销售人员的可信度。如何通过展示信誉达到这个目的呢？

说明公司和销售人员自己是解决这方面问题（客户高层所面临问

题）的专家，并用成功案例证明这一点。如图6－5所示。

第3步：展示信誉

李总，我先简单地介绍一下我们公司，双元仪器公司是一家有130多年历史的德国公司，专注于汽车行业的计量检测技术与设备。（提供公司具体事实）

—我们有超有7,000名员工，在德国及全球各地分支机构超过80家，是全球汽车行业最大的计量检测仪器供应商；

—我们的客户包括大众、通用、福特、丰田、本田、奇瑞、吉利、江铃等；

—2014年，我们完成了有关“解决计量检测仪经常坏，造成停线的问题”的项目超过100个。

我们的经营理念是：“不仅是检测仪器供应商，更是提高生产力的合作伙伴，帮助客户创造价值。”（停顿）

我在公司工作了3年，参与完成了有关“解决计量检测仪经常坏，造成停线的问题”的项目22个。（停顿）

（成功案例）李总，相信你对于福瑞发动机厂很了解。它们的计量检测仪因为安装设计的缺陷，以及参数设置的不合理，导致经常坏，造成停线，给它们的生产造成很大影响。3个月前我们通过调整安装位置，增加一个控制器，帮助它们成功地解决了这个问题，为它们减少损失超过120万元。

图6－5　展示信誉

（1）介绍销售人员的公司、销售人员自己和成功案例，都是围绕告诉客户高层自己是能够帮助他解决所面临的问题的专家而展开。因此，与此无关的信息尽可能不要说。

要说事实，不要说空洞的结论，如“我们的技术最先进”“我们的客户服务质量最好”等。因为当你说空洞的结论时，客户高层就会产生“我在被推销”的感觉。同样，不要过于夸张。客户高层听过太多销售人员吹嘘的介绍，会很反感。所以，就算是事实，也不要让它显得过于“夸张”。

（2）要简短。此时，销售人员在说自己是“专家”，某种程度上也可以说是“王婆卖瓜，自卖自夸”，而客户高层最关心的还是自己所面临的问题。时间过长，他会失去兴趣和耐心，反而会起反作用，所谓“点到即止”就是这个道理。根据经验，一般不要超过3分钟。

（3）公司介绍的部分要提供3～4项公司事实来支持自己的说法，

最好有数据。

(4) 成功案例的目的是通过说明公司和自己曾经成功地解决过类似的客户高层所面临的问题，证明自己有解决他所面临的问题的成功经验。因此，要注意案例的结构，并以量化结果结尾。

好的案例的结构能够帮助客户高层将别人所遭遇的类似问题和自己的情况相联系。描述问题：描述该客户所面临的问题；解决方法：说明如何帮助该客户解决问题；结果：说明解决问题为该客户带来的好处，并尽可能量化结果。

需要注意：不要详谈你帮助该客户的具体步骤和细节，也不要炫耀你的能力和技术。因为现在还不是说这些的时候，现在要做的是保证面谈按计划的流程进行。如果你这样做了，就很容易使面谈“失控”，或使面谈又变成介绍产品或服务了。

所以，即使此时客户高层进一步追问你是怎样帮助该客户取得成效的，如“你们是怎么做到的”“你们做了什么才解决了他们的问题”等，你也不要这样做。你可以简单地说：“我们与客户一起分析具体问题，最终制定出了符合他们需求的解决方案。”然后继续按计划好的面谈流程进行面谈。

你会发现，展示信誉的内容与接洽时给客户高层的邮件的内容很像，因为它们要达到的目的是一样的。细微的差别在于展示信誉的内容是为了适用于与客户高层交谈，而邮件的内容是为了适用于客户高层阅读，这需要你细心地体会。

许多销售人员存在的常见问题是忽略了展示信誉这个步骤，直接向客户高层提问。问及原因，他们经常说：“老师告诉我们要先了解客户，再谈自己。”这是他们不明白展示信誉的作用所致。展示信誉的作用是建立销售人员的信任度，使客户高层愿意与销售人员交谈，为后面的谈话做铺垫。缺少了这个铺垫，后面的谈话怎么能顺利展开呢？

（四）讨论问题

到现在为止，你已经成功完成了第一次面谈的前三个步骤，为下一步的谈话做了很好的铺垫，客户高层也会觉得自己是在和经验丰富、有能力的行业专家面谈，那么，恭喜你！现在可以进行第一次面谈的关键步骤：与客户高层讨论问题。

在培训中，当我介绍结构化面谈模型时，很多学员，特别是资深销售人员对这种方法不以为然。在他们的观念中，他们对于面谈已经很有经验，使用结构化的模式反而束手束脚。然而，当我讲解完前三个步骤时，他们感受到了这种方法的“威力”，更重要的是，他们发现这种方法有标准化的范例，很省心，照着做就可以了。于是，他们希望第四步也能够像前三步那样有“标准化”的范例，照着做就可以了。很遗憾，第四步不能做到像前三步那样标准化，原因是第四步需要销售人员与客户高层讨论、交流，只能给出一个框架及重点问题的范例。

第四步可以分为过渡、提问、交流、互动，如图 6－6 所示。

1. **过渡**

从第三步向第四步转移的过渡。前三步都是销售人员在说，第四步是销售人员与客户高层进行讨论，因此，需要征得他的同意，并引导谈话走向。

讨论前的铺垫。虽然销售人员在第三步通过展示信誉，让客户高层“觉得”你很专业、有能力，初步建立了可信度，但这还不够，客户高层需要用更多的信息来证实销售人员了解他所面临的问题。

因此，销售人员要想客户高层之所想，在讨论前，通过概述指出客户高层公司现在存在的问题、问题产生的原因，以及可能导致的后果等，来展示销售人员了解客户高层所面临问题，与客户高层心理保持同步。

第4步：讨论问题
注：假设之前所用的镀层不环保，国家规定不能使用。所以，发动机零配件改用现在的镀层，而镀层改变对计量检测结果有影响。

（过渡）李总，刚才我介绍了我们公司及我本人，现在我想就贵公司计量检测仪方面的问题与李总沟通，你看可以吗？（客户高层一般都会说：好）
（铺垫）通过与贵公司的交往，我们发现贵公司在发动机组装及发动机零配件计量检测方面，存在着需要改进的情况，有些问题可以说在生产线开始规划时就遗留下了，如计量参数的设置标准偏低，计量检测仪的安装位置不合理等，造成安全隐患，及计量检测仪容易坏等问题；导致经常停线，生产成本增加。（过渡句）因此，就这方面情况，我想向李总提几个问题。（转入提问）

提问的问题（有深度的问题）：
1. 现在因为环保原因，改变了镀层。镀层改变对计量检测结果有影响，贵公司怎样应对这个问题？
2. 贵公司因为生产节奏加快，要求计量检测仪的校准、故障处理能够快速完成，贵公司怎么应对这个挑战？
3. 按照贵公司生产线的布置情况，计量检测仪现在这样安装，容易导致出现误差，及计量检测仪容易坏，为什么当时会这样安装呢？
4. 李总，贵公司对于计量检测技术有什么研究，或有什么心得？

图6-6　讨论问题

相对于第三步的展示信誉，这个“铺垫”更能使客户高层相信销售人员。“越具体越深刻”，如果面谈前不认真准备，不做调研、分析，是说不出这样的“铺垫”的。所以，从这个角度看，这个“铺垫”也将认真准备与不认真准备的销售人员区别开来。但很多销售人员忽视了这个环节，直接开始向客户高层提问。因为他们没有明白这个环节的作用，总是担心自己说得“太多”。从见面到现在，一直是销售人员在说。

你要明白，如果不能建立足够的可信度，客户高层怎么愿意跟你讨论问题呢？另外，所谓说得“太多”的担心，表面上看有道理，但仔细分析就会发现，之所以说得“太多”是因为：

这些销售人员没有将要说的内容进行“精练”，如介绍公司时，介绍了太多的无关内容；

东拉西扯，说太多没用的东西；

在介绍成功案例时，去详谈怎样帮助该客户的具体步骤和细节，或去回答客户高层进一步的追问。

这样分析就很清楚了，其实是销售人员说了太多无用的东西。如果你根据前面介绍的范例，坚持按面谈流程进行，是用不了多少时间的。你要知道，如果说的内容客户高层不感兴趣，一开口他就会觉得多；他感兴趣的内容，就不会觉得浪费时间。

2. 提问

提问是这一步成功的关键，也是第一次面谈成功的关键。然而，太多的销售人员不知道提问的作用及如何将“提问”做好。

要将第一次面谈做好，不是拉关系、谈论他已经知晓的事，也不是直白地告诉他什么地方需要改变，更不是滔滔不绝地向他讲述自己的产品所拥有的独特功能和技术。唯一的途径就是向他提问，而且每个问题都要问到点子上。

第一，“提问的人控制局面”，美国销售大师博恩·崔西（Brian Tracy）如是说。

科学研究表明，人脑处理信息的速度要比人说话的速度通常要快3～4倍，这就意味着客户在你讲话的时候，有3/4的时间可以用来思考其他东西，所以，他会走神。每个人从小就被教育：在被提问的时候要去回答问题。因此，人们会对问题自动地做出反应。这可以说是一种习惯，或者说是潜意识的反应。而人们在回答问题时，就会集中全部注意力去回答问题，直到回答完毕，这样就不会走神了。因此，提问的人自然就掌控面谈了。

第二，即使知道“答案”，也要提问。

场景A：你外出时生病了，于是去看急诊。你在候诊室等了一个多小时，一位护士才过来给你量体温、测血压。又等了20分钟，你才见到医生。他问："哪儿不舒服？"你回答："我头疼、嗓子痛、鼻塞，高烧好几天了。"听到这儿，医生立即回答："我知道了！"给你开一个处方了事。

场景 B：你外出时生病了，于是去看急诊。你在候诊室等候了一个多小时，一位护士才过来给你量体温、测血压。又等了 20 分钟，你才见到医生。他问："哪儿不舒服？"你回答："我头疼、嗓子痛、鼻塞，高烧好几天了。"医生接着又问了几个问题，如"这些症状持续了几天？你有没有接触过其他病人？最近几周有没有出去旅游？对食物有没有过敏反应？"听完你的回答后，医生又检查了你的耳朵、鼻子，还用听诊器检查了你的肺部。完成这些检查后，医生说："坏消息是你得了流感，好消息是我治好了几个像你这样的病人。只要注意休息、按时吃药，很快就会好的。"最后医生给你开了一个处方。

在两个例子中，你相信哪个医生开的处方？不出意外的话，你肯定会选择场景 B 中那个医生开的处方。其实，绝大多数人都会这样选择。这是销售专家凯斯·M. 伊迪斯曾经在培训中列举的例子，他说绝大多数学员也是这样的选择。为什么会这样呢？因为在场景 B 中，医生使用了咨询的诊断方式，更多地使用了提问，使病人更信任医生和他的处方。

两个场景中，在了解了最初的症状后，医生可能已经知道了"答案"。但是，假如你不相信医生的诊断，你就不会相信他的处方，而使你相信医生的关键就在于提问。同理，销售人员与客户高层面谈是帮助他解决问题，也可以说是给他的公司"看病"，要让他相信销售人员的关键在于提问，即使你已经知道了"答案"。

3. 提问的"问题"

对所提的"问题"的准备非常重要，我们将"问题"分为三类：

第一类：有深度的问题。

有深度的问题是指跟客户高层所面临的问题有关的“问题”。

有深度的问题能够表明你以客户高层为中心，关注的是他的问题、利益，而不是单纯为了销售自己的产品或服务。能够增加你的可信度，表明你理解客户高层所面临的问题、具有解决这些问题的能力与经验，从而突显你的价值，赢得他的尊重。

有深度的问题使客户高层兴奋起来，迅速认同你的动机、相信你的能力、愿意与你交流。所以，要想设计出有深度的问题，就必须将客户高层所面临问题与销售人员所销售的产品或服务紧密相连，越具体越好。具体做法：

分析客户高层所面临的问题。

在分析的基础上，提炼出有深度的问题。

在前面的范例中，如果你分析出了客户高层所面临的问题是计量检测结果有偏差。造成偏差的原因是为了符合国家环保规定而改用现在的镀层，镀层的改变造成偏差。你就可以设计这样的问题：“现在因为环保原因改变了镀层，镀层改变对计量检测结果有影响，贵公司怎样应对这个问题?”

为什么要提前设计好有深度的问题?

美国大客户销售专家吉尔·康奈斯（Jill Konrath）曾经分析：因为在与客户面谈时，就算你的头脑再聪明，一般来说，也不太可能在接受来自客户谈话信息的同时，还能想出精妙的问题。那时你就会变得紧张，因为马上就要到你说话了，但是问题可能还没有想好，怎么办？你就无法掌控面谈了！多数情况是，你又会将讨论问题、交流变成了产品解说。

吉尔建议，务必提前准备好问题，使自己进入面谈的对话状态。你可能觉得这是销售新手要做的，但事实是，只有真正的销售高手才一直这么做。

不提前设计好有深度的问题，是很多销售人员不能将第一次面谈做好的关键原因之一。再次强调，要见到客户高层那么难，提前准备是必须的，也是值得的。

有深度的问题如此重要，那么，在面谈前要准备多少个这样的问题呢？根据经验，认真准备三五个有深度的问题就可以了。如果你觉得问题太少，担心很快就问完了，说明你对提问还缺乏经验。

因为认为与客户高层第一次面谈机会难得，很多销售人员就有将“所有问题都问完”、将“所有的事情都谈完”的想法，因此，总想准备很多的问题，进而担心面谈时间不够，弄得自己对于面谈很紧张。

如果总想准备很多的问题，眉毛胡子一把抓，就不能集中精力准备好有深度的问题，很可能导致第一次面谈不成功。

第二类：感兴趣的问题。

第一次面谈有时候还会剩一些时间，剩下的时间谈什么？答案就是谈感兴趣的问题。感兴趣的问题是指客户高层有兴趣了解的、对他有价值的问题。

一般来说，客户高层对于自己所在行业，以及销售人员所在行业的发展、技术趋势、市场情况、竞争对手情况等比较感兴趣。销售人员通过谈论这些问题，能展示自己的专业、经验、能力，对建立可信度有一定的帮助。但这些不是销售人员直白地说出来，而是通过提问带出来。例如，如果张威知道李涛的竞争对手福瑞发动机厂开发了发动机组装新流程——T 流程，有助于提高生产效率、降低次品率的信息，就可以向李涛提问：“李总，最近发动机行业好像开发了新的组装流程——T 流程，你了解吗?”如果李涛说不知道，张威就可以简单介绍一下福瑞发动机厂的情况。通过这样的介绍，带给李涛感兴趣的、有价值的信息，有助于建立他对张威的信任度。但是要注意不要泄露福瑞发动机厂的机密。你可以根据表6－4准备感兴趣的问题。

表6－4 感兴趣的问题准备表

序号	分类		问题
	客户高层所在行业	发展趋势	
		技术趋势	
		市场情况	
		竞争对手情况	
	销售人员所在行业	发展趋势	
		技术趋势	
		市场情况	
		竞争对手情况	

第三类：不好的问题。

不好的问题是指客户高层觉得无价值、无意义、会反感的问题，大多数东拉西扯的问题就属于这类问题。

让客户高层觉得无价值、无意义的问题是指那些有关客户高层的一般（背景）信息，即可以通过其他渠道了解到的通用信息，如客户高层公司所在行业的发展状况、竞争情况、公司业务、销售状况、采购流程等。如果问这些问题，会让客户高层觉得你在浪费他的时间，很不专业。

让客户高层反感的问题：

有关客户高层的个人情况，特别是涉及个人隐私的问题。这与一般的社交规则一样，特别是第一次与客户高层面谈时不要问。

条件或时机不成熟的问题。很多销售人员认为见到客户高层“机会难得”，要尽量多了解信息，问了不该在第一次面谈时问的问题，致使客户高层反感，降低了可信度。如只有在跟客户高层很熟的情况下，客户高层才会说的有关公司生产的“机密”数据、计划等。

4. **交流、互动**

在陪同很多销售人员与客户高层进行第一次面谈后，我发现那些效果不好的面谈的一个主要特征是，面谈气氛自始至终都是“紧张、局促、不融洽”。一般表现为客户高层耐着性子、应付着销售人员，严重的情况就是他不耐烦地终止谈话。进一步的分析发现，这里的问题主要是销售人员紧张；销售人员在提问后，没有对客户高层的回答进行回应，就继续进行下一个提问，即缺乏与他的互动，弄得面谈跟“审问”似的，气氛不好。

对客户高层的回答进行回应，具体应该如何做呢？诀窍就是对他的回答进行回应，再通过“追问”与他讨论问题，达到与他交流、互动的目的。例如，你问李涛：“李总，贵公司因为生产节奏加快，要求计量检测仪的校准、故障处理能够快速完成，贵公司怎么应对这个挑战？”如果李涛的回答是 A：“我们也在摸索这个问题，现在考虑在旁边放一台备用检测仪，当工作那台出现故障就停线，把备用那台换上去。”你就可以回应，放一台备用检测仪也是一个方法，但换一台检测仪，一般来说需要的时间也不短，而且也增加成本，（追问）你们有没有考虑采用其他方法呢？

如果李涛的回答是 B：“我们也在摸索这个问题，现在主要是考虑通过培训提升检测工人的能力，提高他们校准检测仪和处理故障的能力与速度。”你就可以回应，通过培训检测工人确实也能减少校准检测仪和处理故障所需要的时间，但检测工人的能力不一样，也有可能出现达不到要求的情况，（追问）如果出现达不到要求的情况，你们如何处理呢？

你可能也意识到了，要做好与客户高层交流、互动，回应他的回答，需要使用聆听技巧。是的，好的聆听技巧在这里是必须的。

（五）获取同意

现在面谈进行的时间也差不多了，是到了达成本次面谈另一个目标的时候了，即达成一个能够推进销售进程的具体目标。

一般来说，按照经验，当你问完准备的3~5个有深度的问题，并与客户高层进行了谈论之后，时间过了30分钟左右，你就要考虑结束面谈了，尽管客户高层可能没有意识到这一点，但你还是不能谈得太久。谈得时间太长，超出了你的准备，很可能谈得效果反而不好。与客户高层打交道旨在建立一种长期关系，以后还会有很多接触、交流的机会，所以，没有必要在第一次面谈时将所有的问题都问完、谈完。那么，此时如何过渡呢？

当客户高层回答了你的最后一个问题，而你决定不再提问时，此时就是过渡的时候。你可以让面谈出现停顿、进行过渡。如图6－7所示。

第5步：获取同意

（第一次停顿）（过渡）“李总，感谢你和我分享了这么多有用的信息，我回去也仔细考虑一下，看怎么做可以帮助到你们。”（第二次停顿）

图6－7　如何过渡

请注意上面的“第二次停顿”的作用，有时候，客户高层会主动说出下一步做什么，如安排他的下属与你面谈、建议你先做一下产品试用等，那么，恭喜你！销售进程比你想象的还顺利、容易，订单在向你招手了，你之前的一切付出终于使你得到想要的结果，想想就开心，不是吗？

但要是客户高层不主动说呢？这时你也没必要灰心，你只要：

（1）大胆地说出来。

有些销售人员因为没有经验，或没有准备要达成的具体目标，此时就会忘记跟客户高层说具体目标。这就好比爬树摘桃子，费了很大的力气爬上去了，却没有伸手摘那颗正好熟了的、最应该摘的桃子。在实际工作中，出现这种情况的销售人员还不少。如果事先准备了要达成的具体目标，并且将面谈事先预想或演练了一遍，发生这种情况的概率就会降低。

也有些销售人员虽然准备了具体目标，但因为害怕客户高层不答应就没有说出来，这也与销售人员的信心、经验不足有关。其实完全没有必要害怕，只要你前面的步骤做好了，并且以下面的方式说出来，客户高层是不会拒绝的。

（2）以适合的方式说出来，容易让客户高层答应。要让客户高层容易答应的关键是要让他感觉这件事对他有好处，并且没有压力。

张威将在李涛的公司举行计量检测技术研讨会作为具体目标，如果他说："李总，我想请你安排一下，下周三为你们公司举行一次计量检测技术研讨会，到时请李总参加。"李涛容易说"不"，因为对于他：第一，有被"安排"的压力，是销售人员"让"他来做这件事，虽然他只要指示下属安排研讨会就可以了；第二，有时间压力，因为研讨会的时间被"定在"下周三，而那时他可能会很忙，要知道时间压力对客户高层来说是经常性的、很大的压力。

如果张威说："李总，举行一次计量检测技术研讨会对你们公司很有帮助，接下来，我就与我们公司联系再跟马凯确认，为你们公司举行一次计量检测技术研讨会，到时也请李总参加。"显然，李涛容易答应。因为对他来说只有好处，没有压力，何乐而不为呢？事实也是这样，在实际面谈时，客户高层通常是"随口"就答应了。不相信？你也可以试一下。

这里有一个问题，培训中经常有学员问："在这句话中，没有说具体的时间，到时李涛要是以忙为借口不参加怎么办？"这是一个好问题，说明这些学员在思考如何跟客户高层提出具体目标才有效。我要说的是，李涛可能不来参加，那又怎样？重要的是李涛答应了在他们公司举行研讨会。张威可以据此与他的下属马凯联系，举行研讨会，推动销售进程。因为要在他们公司举行研讨会及确认李涛是否参加研讨会，张威又很“自然”有了多次机会与李涛联系、接触，例如，在发送马凯确认研讨会举办日期的邮件时抄送给李涛；打电话给李涛，跟他确认是否参加研讨会等。这样不就围绕销售工作与李涛逐渐建立起联系了吗？

（六）感谢

客户高层同意了具体目标，第一次面谈的目标就到达到了，是时候结束面谈了。

可以这样，如图6－8：

第6步：感谢 “李总，谢谢你今天抽时间与我面谈，跟你面谈很有收获。”

图6－8　感谢

很多销售人员喜欢说“谢谢你同意举行研讨会”，我建议不要这样说，要说“谢谢你今天抽时间与我面谈”。看似差别不大，其实有本质区别。

具体目标——举行研讨会对客户高层有帮助、有好处，他应该感谢销售人员才对，不是吗？一个本来应该他感谢销售人员的事，反过来销售人员说感谢他，他听了会有什么感觉？至少会觉得销售人员有些“太客气”或有些“虚伪”了，另外，销售人员之所以说“谢谢你同意举行研讨会”，我想可能还是认为在“求”客户高层，将自己看“低”了。

客户高层很忙，能够抽出时间见销售人员，对此表示感谢，才是正常的社交礼仪。

要说“跟你面谈很有收获”，不要说“跟你面谈很开心”，这跟客户高层的思维模式或者说话方式有关。你想想，他们整天在说投资回报率；开会或者培训后，问下属有什么“收获”等，他今天百忙之中抽出时间见你，仅仅是为了“开心”吗？所以，说“跟你面谈很有收获”更符合客户高层的思维模式。

读到这里，细心的读者可能会发现，面谈议程介绍第三点“请你谈谈你的看法”在面谈时没有提就结束了。为什么？虽然没有提这个问题，但你达到了面谈目标，不是吗？在第四步，交流、互动时，客户高层不是谈了“很多”看法吗？

如果你认为有必要再提这个问题，建议你在第4步中作为最后一个问题来提。

四、第一次面谈注意事项

要想成功地与客户高层进行第一次面谈，还需要注意以下事项：

（一）不要将第一次面谈变成宣讲产品或服务的推销模式

在与客户高层第一次面谈时，经常出现的一个问题是主动地或者不自觉地“努力”宣讲自己的产品，将面谈变成了宣讲产品或服务的推销模式。

在客户高层不清楚销售人员是否了解他所面临的问题前，销售人员就在他面前推销自己的产品或服务，实际上是在“强迫”他倾听，他会想又是一个来浪费我时间的、讨厌的销售人员。于是，有趣的现象就出现了：他会“瞅准”机会，如在销售人员停顿、换气的当口，“很自然”地问：“你们的产品或服务是什么价格”或“你们的产品或服务有什么功能”。这是拒绝销售人员的信号，然而可悲的是，太多的销售人员对此认识不足、缺乏经验，还错误地认为既然客户高层问产品或服务，就表示他有兴趣，只要很好地解说产品和服务就能深得他的心，以后的事就好办了。于是，就更加“卖力地”宣讲自己的产品或服务来回应他的“问题”。结果可想而知，不管销售人员如何压低产品或服务的价格，他都会说太高了；不管销售人员如何介绍自己的产品或服务，他都会说不适合。

所以，第一次面谈时，每当客户高层问起“你们的产品或服务是什么价格”或“你们的产品或服务有什么功能”等涉及产品或服务的问题时，销售人员就要警觉：是不是自己又陷入“宣讲产品或服务的推销模式”了，此时要及时转入正常的面谈流程中。

（二）掌控面谈流程

本书介绍的面谈流程，其背后的逻辑是与客户高层心理保持同步，一环扣一环，逐步建立客户高层对销售人员的信任，最终达成面谈目标。然而，实际面谈时，可能会被客户高层“带离”面谈流程，特别是在面谈的第三步——展示信誉中介绍的“成功案例”，以及第四步讨论问题时，经常会出现这种情况。这时，销售人员要做的就是让面谈回到流程。

例如，客户高层经常会问“你们的产品或服务有什么功能”或“你们的产品或服务怎么样”等问题。如果没有经验、应对不当，就会使面谈偏离流程，进入宣讲产品或服务的推销模式。此时，你可以回答：“关于这个问题我们还有许多细节需要沟通，为此，先要明白你们公司的状况。”说到这里，你又可以提问了，面谈也就回到了正常的流程。关键是不要在回答完客户高层的问题后就停下不说话了，这样他就很可能继续向你提问，你不得不继续回答，面谈就被他带离了你可以掌控的流程，被他掌控了。你应该马上接着问他一个你原本计划要问的问题，将他的注意力转移到他所面临的问题上，让他回答。这样你就可以掌控面谈了，面谈又回到正常的流程中。

（三）对客户高层的问题做好准备

很多缺乏经验的销售人员之所以害怕与客户高层进行第一次面谈，其中一个原因就是不知道如何回答客户高层的问题，担心遇到他的抵制。培训中经常有学员向我问起这方面的问题。

这里有一个秘密跟大家分享，如果你问那些成功的、有经验的销售人员这个问题，他们会告诉你：“如果你的面谈目标正确，坚持按照面谈流程进行，谈客户高层关心的问题，向他提有深度的问题，并与之讨论，是不会遇到他的抵制的。之所以会遇到那么多‘难处理’的问题，很多时候是销售人员自己造成的，那么，你就要认真地做自我检讨了，看看问题出在哪里，否则你就会一直失败下去。”

当然，第一次面谈时，提前对客户高层的反应做好准备，总比靠临时的即兴发挥要好。根据经验，如果你按照我们介绍的第一次面谈流程进行面谈，遇到客户高层提问最多的问题，除了“你们的产品或服务有什么功能”就是“你们的产品或服务是什么价格”。你应该很清楚，在客户高层不确定你能否帮助他解决问题前，即你没有建立足够的可信度之前，他问这个问题很可能是因为你宣讲产品或服务而导致他拒绝你，或者是因为他顺着谈话、讨论的思路而随口问的。所以，这是一个“假问题”，你不要正面回答，只需要笼统地说：“像处理你们公司这类问题，最多需要200万元左右，当然，也可能不用这么多，关键是我们需要仔细了解你们公司的情况，才能确定方案。”接下来，你要马上将话题转移到他所面临的问题上，继续提问。

五、第一次面谈策划表

为了使第一次面谈准备更充分，建议根据第一次面谈策划表做准备，如表 6－5 所示。如果你是第一次进行策划，建议在做之前，根据本章所介绍的张威的案例，将相关内容填入表格，这样你就能够很快地掌握第一次面谈的内容了。

表 6－5　第一次面谈策划表

面谈时间：	面谈目标：	
面谈流程	**如何做**	**备注**
第 1 步：打招呼		
第 2 步：介绍面谈议程		
第 3 步：展示信誉		
第 4 步：讨论问题		
第 5 步：获取同意		
第 6 步：感谢		
客户高层可能会问的问题及回答	问题 1： 问题 2： 问题 3：	

第七章

Chapter 7

如何与客户高层建立关系

良好的第一次面谈只是一块敲门砖。一旦进了门，要赢得客户高层的信任就要靠与客户高层建立关系的能力。在实际销售工作中，很多销售人员只会利用已有的关系，已有关系通常是有限的，具备与客户高层建立关系的能力才是销售人员的核心竞争力，它能够帮助销售人员在竞争中脱颖而出。

一、建立关系中常见的问题

（一）不明白为什么要与客户高层建立关系

在实际销售工作中，经常能够听到销售人员说："要去与客户高层'搞'关系。"然而，如果你问他为什么？回答："当然是为了签单、成交。"如果再问他："你是说与客户高层的关系好了，就能够签单、成交，是吗？"他会答："是的。"再接着问："为什么与客户高层关系好了就能成交呢？"大多数销售人员就回答不上来了。

这反映了一个事实，大多数销售人员其实并不明白为什么要与客户高层建立关系，既不明白他与客户高层建立关系的作用，也不明白他与客户高层建立关系的内涵，错误地认为或者想当然地认为他与客户高层的关系好就能够签单、成交。

（二）不知道怎么做

很多销售人员因为不明白为什么要与客户高层建立关系？加之又缺乏经验，没有接受过系统的培训，所以，在实际工作中表现为一味地与客户高层拉关系、喝酒、送礼、讲小道消息和笑话、发无聊的微信，等等。结果花了很多时间、精力与金钱，效果却不好，与客户高层的关系层次很低。

（三）不知道如何判断关系建立的程度

很多书籍、培训在讲到销售人员如何与客户高层建立关系时，讲了一些似是而非的概念、做法，而对于究竟该如何判断关系建立得怎么样，以指引销售人员一步一步地努力建立与客户高层的关系，却没有给出明确的答案，很多时候让销售人员感觉更加混乱、模糊。

（四）急于求成

与客户高层建立关系，需要按步骤逐步推进，不能急于求成。“通常，所销售的产品和服务越复杂，涉及金额及相关利益越大，建立这种信任和友善关系需要的时间就越长。”美国销售大师博恩·崔西如是说。但很多销售人员急于求成，做了一些本应该在下一阶段做的事情，如到客户高层办公室经常“随便”坐坐，以加强与他的关系。这是在熟悉阶段才可以做的，但他们却在开始阶段就频繁地到客户高层办公室“随便”坐坐，导致客户高层反感。这样做，只会损害他们与客户高层的关系。刚认识客户高层不久，就急于请他吃饭、送礼，不也是急于求成的表现吗？

二、建立关系的方法

客户高层做采购决定考虑的因素是产品价值、采购流程及与销售人员的个人关系。所以，与客户高层建立关系的策略，就是让他相信销售人员所销售的产品，相信采购符合流程，以及相信销售人员。这样，销售人员就可以有针对性地采取与他建立关系的方法。

（一）让客户高层信任自己所销售的产品

销售人员可以采用的方法是让客户高层了解产品的价值、参加技术交流会、了解成功案例——参观销售人员客户公司的样板项目、参观销售人员的公司、参观展览会、了解产品试用结果等。

（二）让客户高层确信采购符合采购流程

销售人员可以采用的方法是与客户高层的下属打交道，使他的下属能够向他推荐销售人员所销售的产品和销售人员本人。同时，让他知道销售人员所做的工作，如当销售人员与他的下属商讨开展技术交流会的事情，就可以将与下属往来的有关邮件抄送给客户高层，这样他就知道销售人员做的工作是可以确保采购符合采购流程的。

（三）让客户高层信任销售人员

让客户高层信任销售人员，销售人员要采用的方法是在建立关系的过程中，销售人员要坚持“以客户为中心”的理念，通过为客户高层创造价值，并表现出人际关系中取得信任的行为，来建立他对销售人员的信任。

三、建立关系模型

为了使销售人员清晰地知道如何建立并判断与客户高层的关系，我建立了“与客户高层建立关系模型”。这个模型能够让销售人员相对清晰地知道，在开展了与客户高层建立关系活动后，自己与客户高层的关系处于什么状态，以及下一步要努力达到的目标，从而指引销售人员一步一步地建立起与他的关系。当然，这只是一个指导性模型，你与客户高层建立关系可能不需要经历这么多步骤、这么长时间，或者需要更长的时间，这取决于实际状况。

理解这个模型先要理解两个概念：

（1）与客户高层建立关系需要一个过程。

如图7－1所示，销售人员没有与客户高层接触前，他们没有关系，可以说关系值是0。通过开展与客户高层建立关系活动，他们的关系逐步加深，直至达到成交时的关系状态100（假设此时的关系值为100）。在这个过程中，客户高层对销售人员的信任由0达到100，才会成交。

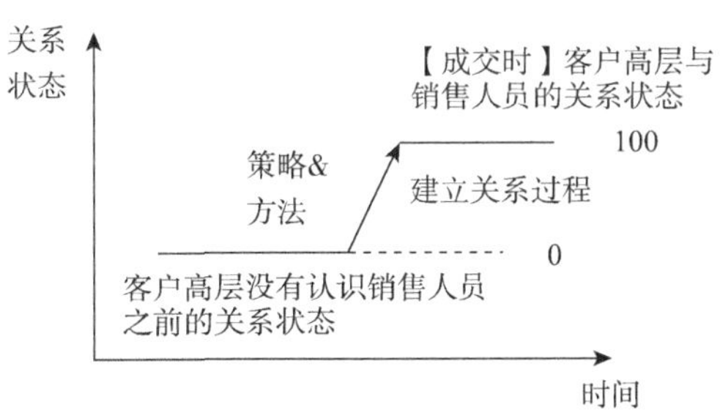

图7－1　销售人员与客户高层建立关系示意图

（2）将建立关系过程分为不同的阶段。

认识到与客户高层建立关系需要一个过程后，就可以将这个过程分成不同的阶段。根据经验，我们将与客户高层建立关系的过程分为 6 个阶段，如图 7－2 所示。

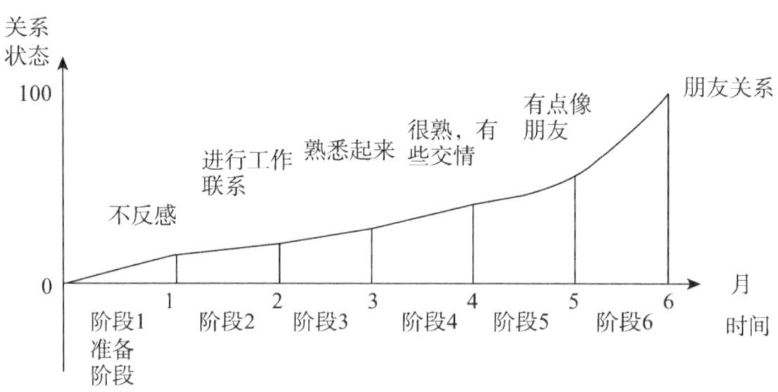

图 7－2　销售人员与客户高层建立关系模型

赋予每个阶段衡量标准，就能得到销售人员与客户高层建立的关系模型，我们称之为 NOFASA 模型，这是将每一阶段衡量标准的英文的第一个字母组合起来所得到的名称，马尔加什语的意思是熟练。

阶段 1：

阶段 1 的衡量标准是不反感（Not resented），客户高层同意推动销售进程的一个具体目标——同意开展工作联系。

这一阶段包括接洽与第一次面谈，以完成第一次面谈为结束标记。

阶段 2：

阶段 2 的衡量标准是可以进行工作联系（OK），可以与客户高层进行工作联系，如发邮件、打电话。

这一阶段大概需要 1 个月的时间。

阶段 3：

阶段 3 的衡量标准是熟悉起来（Familiar），可以轻松地与客户高层进行工作联系，客户高层能够回复邮件，愿意提供有限度的工作帮助，如与销售人员的上司见面等。

这一阶段需要 2 ~3 个月的时间。

阶段 4：

阶段 4 的衡量标准是熟悉、有些交情（Advocacy，支持、拥护），客户高层不反对使用销售人员推销的产品，愿意考虑、参与需要花费更多时间、精力的活动，如参观销售人员的公司，对销售人员的戒备减少了，销售人员可以自然、轻松地拜访他，如到他的办公室坐坐，不介意与销售人员一起吃饭。

这一阶段需要 3 ~4 个月的时间。该阶段要建立客户高层对销售人员所销售产品的信任。

阶段 5：

阶段 5 的衡量标准是有点像朋友关系（Some like a friend），客户高层倾向于销售人员的产品，为销售人员说一些好话，或帮助销售人员做一些推动工作，乐意与销售人员一起吃饭、聊其他事情。

这一阶段需要 4 ~5 个月的时间，也可能需要更长的时间。

这一阶段，包括第 6 阶段的前提是客户高层信任销售人员所销售的产品，以及对销售人员的信任累积到了一定水平。

阶段 6：

阶段 6 的衡量标准是朋友关系（amigo，friendship），客户高层会认真考虑销售人员的产品，会帮销售人员考虑，如尽力推广产品，乐意与销售人员交往，对销售人员没有戒备心理。

这一阶段需要 5 ~6 个月的时间，也可能需要更长的时间。

要达到这一阶段的关系取决于多种因素，如客户高层与销售人员的人格匹配程度、沟通风格配合程度等，这种关系已经超越了业务关系。

在培训中，经常有学员问三个问题：

（1）与客户高层建立关系到什么阶段才能成交？一定要到朋友关系阶段才能成交吗？

学员之所以有这个问题，可能还是没有弄清楚销售人员和客户高层的个人关系与成交之间的关系。再次强调，销售人员和客户高层的个人关系只是客户高层考虑成交决定时的一个因素，通常不是主要因素，成交是客户高层综合考虑的结果。销售人员与客户高层建立关系的目的不是为了个人关系，而是为了取得他的信任。在取得客户高层信任的过程中，销售人员与他的关系必须得以加强。所以，严格说来，成交在每一阶段都有可能。例如，你运气足够好，也有可能第一次面谈就成交了。

根据经验，一般到了第4阶段，客户高层就有可能考虑销售人员所销售的产品，到第5阶段、第6阶段，他倾向于决定采购销售人员所销售的产品。

（2）与客户高层建立关系需要多长时间、接触多少次？

一般来说，要和一个人熟悉起来并留下良好的印象，取决于接触的时间、频率，以及每次接触的效果。因为销售人员与客户高层的接触一般不会太频繁，根据经验，要与客户高层熟悉起来并给他留下良好的印象，通常需要3个月左右的时间、4～6次有效的接触，如面谈、一起去参观销售人员客户的公司等。要成为朋友，当然需要更长的时间及更多的接触。

（3）什么是朋友关系？

对朋友关系的理解，似乎每个人都有自己的看法，但应该有一些共同的特征：这样的关系是建立在信任和欣赏的基础上，双方相处很愉快，彼此关心对方的事情。想想你跟朋友是不是这种状态？当然，这样的“朋友关系”已经超越了业务关系了，销售人员与客户高层打交道能够这样，是多么开心的事情。

四、如何建立关系

在理解了与客户高层建立关系策略、建立关系模型后，具体如何与他建立关系？

（1）按照与客户高层建立关系模型制定建立关系计划。

一旦决定与客户高层打交道，就需要根据与客户高层建立关系的策略制定一套与他建立关系的计划，能够帮助销售人员将建立关系活动从一连串的“随机”事件转变为有逻辑顺序的成功过程。

最好的关系建立在价值基础上，因此，在制定计划时要围绕为客户高层创造价值、帮助他解决问题进行，同时将他的下属也纳入这项工作中。

（2）根据计划实施，逐步推进与客户高层的关系。

当然，在实施计划时，需要根据具体情况进行调整。

张威如何建立与李涛的关系？如表7－1所示。

表7－1 张威如何建立与李涛的关系

阶段	衡量标准	计划	时间
阶段1	不反感（Not resented）	请赵明介绍认识李涛 进行第一次面谈	
阶段2	可以进行工作联系（OK）	回到公司后整理面谈内容，给了李涛发一封邮件 张威请马凯帮助安排、协调计量检测技术研讨会，确认时间后，又给李涛发了一封邮件，邀请李涛参加。之后，又给李涛电话，再次邀请他参加 与马凯商定，通过马凯的下属熊工，在雷沃发动机公司试用了张威公司的设备（试用效果不错）。熊工给出试用报告后，与马凯一起将报告递交给李涛，向李涛说明 利用在雷沃发动机公司饭堂吃饭的机会，张威在饭堂多次“碰到”李涛，最后两次聊了很久（主要谈关于雷沃发动机公司所存在的计量检测问题）	

续表

阶段	衡量标准	计划	时间
阶段 3	熟悉起来（Familiar）	举行计量检测技术研讨会，李涛参加（李涛认可张威公司介绍的计量检测技术，以及他公司的计量检测设备） 对计量检测技术研讨会进行总结，给李涛发一封邮件，同时抄送给马凯 与李涛及他的下属，如马凯等进行会谈，专门介绍雷沃发动机公司存在的计量检测问题解决方案，以及其带来的收益	
阶段 4	熟悉，有些交情（Advocacy，支持、拥护）	安排李涛参观张威公司的总部（在公司门口悬挂欢迎横幅，请公司总经理——Hans 与李涛会面） 参观完后，与李涛一起吃午餐	
阶段 5	有点像朋友关系（Some like a friend）	请公司负责汽车行业的销售总经理拜会李涛，就所交流内容给李涛发邮件 请李涛帮助介绍认识雷沃发动机公司发动机研究院院长（与发动机研究院进行技术交流会） 利用一次机会，与李涛在雷沃发动机公司饭堂吃工作午餐（李涛请）	
阶段 6	朋友关系（amigo，friendship）	帮助安排李涛去丰菲发动机公司参观 利用一次与马凯讨论如何解决（一个具体的）计量检测问题时，向马凯建议，请马凯提出购买张威公司设备的申请	

从案例可以看出，如果销售人员制定了与客户高层建立关系计划，就能够将所有的、看似“无关”的机会都利用好，如在饭堂门口“碰到”李涛、给李涛打电话邀请他参加研讨会等，“自然”地加深了李涛对张威的印象，“自然”地与李涛建立起关系，“自然”地将客户高层的下属也纳入工作中，也就是在与客户高层打交道的同时，“自然”地与他的下属打交道。

这样做不会遗漏重要的事情，如第一次面谈后给李涛发邮件、产品试用后与马凯一起向李涛汇报、在公司门口悬挂欢迎横幅等，能确保建立关系活动的质量、按时与李涛建立起关系。

让签单、成交成为“自然”的结果。

五、建立关系的要点

每个销售人员与客户高层建立关系的方法可能不尽相同，但有些要点是一样的。掌握了这些要点将大大提高你与客户高层建立关系的效果。

（一）与客户高层建立关系的过程要自然

想一下你与朋友的关系，哪些是最好的关系，是怎么建立起来的?一般来说，最好的关系是从小玩到大的朋友关系，或者小学、中学、大学等同学关系。一是这种关系建立的时候不带有功利性；二是这种关系是自然建立的。所以，与客户高层建立关系，我们不要只为了推销产品，而要为他创造价值、帮助他解决问题。当然，与客户高层建立关系，功利性是自然存在的，因此，建立关系的过程更要自然。

（1）不能急于求成。急于求成让建立关系过程变得不自然。

（2）要像案例那样安排一些“事或接触”，并且“从浅到深”自然地进行，4~6次有效接触后，销售人员与客户高层的关系一定会加深。这时，再进行“更深层”的活动，如安排客户高层参观销售人员的公司、一起吃饭、请他帮大一些的“小忙”等，案例中，如张威请李涛帮助介绍认识雷沃发动机公司发动机研究院院长，与李涛在雷沃发动机公司饭堂吃工作午餐，让李涛“埋单”等。慢慢地，销售人员跟客户高层的关系就会好了，关系也就建立起来了。

（3）要使建立关系活动显得“自然”。案例中，张威安排李涛参观张威公司的总部，参观完后，就可以“自然”地与李涛一起吃午餐。如果张威公司负责汽车行业的销售总经理要来拜会李涛，张威就可以联系李涛，“自然”地请他“帮一个小忙”，安排时间见一下自己的上司，让自己好“交差”。然后，张威和上司一起拜访李涛，拜访结束后，又“自然”地给李涛发一封有关拜访情况的邮件。张威在11：30拜访李涛，面谈后，李涛“自然”地请他一起吃工作午餐等。总之，要让建立关系活动“自然”地进行。

（4）在与客户高层建立关系的过程中，可以通过一些小技巧增加与他的接触机会。如利用邮件增加与客户高层的接触；第一次面谈后，回去写一封邮件发给他，这就会在第一次面谈的基础上，让他对销售人员的印象加深一点。还可以利用去客户高层公司的机会，“顺便碰到”他。

（二）养成使用邮件与客户高层沟通的习惯

客户高层很忙，不可能经常与销售人员见面。因此，使用邮件与客户高层沟通，加深他对销售人员的印象，对与他“自然”地建立关系非常重要。另外，使用邮件也能“自然”地将客户高层的下属纳入工作，“自然”地与下属开展工作，对销售人员开展工作是非常有利的。然而，在实际工作中，绝大多数销售人员恰恰不喜欢、不善于使用邮件与客户高层沟通。除了他们缺乏使用邮件与客户高层沟通的经验外，还因为经常在“外面跑”，销售人员一般不喜欢文书性质的工作，因而写邮件也属于他们不喜欢的事情。但是，为了“自然”地与客户高层建立关系，我建议销售人员必须养成使用邮件与他沟通的习惯。

为什么第一次面谈后，给客户高层发一封邮件如此重要？

第一次面谈后，写一封邮件发给客户高层。这就会在第一次面谈的基础上，让客户高层对销售人员的印象加深了一点，并让他感觉销售人员做事专业。很多销售人员没有认识到这方面的重要性，与客户高层面谈后就算“完事了”，没有发邮件跟进。如果是互为竞争对手的销售人员与客户高层进行了面谈，一个事后给他发一封跟进的邮件，一个没有这么做。那么，谁会在这次竞争中取得优势呢？答案是不言而喻的。

（三）让客户高层帮一些“小忙”

很多销售人员在与客户高层建立关系的过程中，安排这个安排那个，都是“付出”，如果不让客户高层也有相应地“付出”，某种程度上说会有“讨好”客户高层的感觉。回想一下，你与最好的朋友的关系是怎么建立起来的？只有你或者他“单向付出”吗？应该在建立关系的过程中，彼此都有“付出”。有“付出”的互动，你们才能建立好的关系。所以，如果销售人员也能让客户高层“付出”一点，如让他帮一些“小忙”，比只有销售人员“单向付出”效果要好得多。

还有一个让客户高层付出的技巧，就是向他请教。

一般来说，客户高层能够做到公司高层，在管理经验、人生经验等方面确实有许多值得学习的地方。销售人员向他请教，他在分享的时候就相当于“付出”了。如果运用得好，这种方法对销售人员建立与他的关系是非常有效的。

第一，在分享的时候，客户高层知道他在帮助销售人员，此时，他的潜意识就会让自己更喜欢、认同销售人员，这就是认知不协调理论所讲的作用。在实际生活中，人们常说的“施”比“得”更开心，也是这个道理。

第二，人们在分享自己成功的经验、心得时，都会感到自豪、开心。

两个因素同时起作用，效果当然好。在实际销售工作中，经常会有这种现象：那些大学刚毕业，从事1~2年销售工作的人，在与40岁左右的客户高层打交道时会有障碍，效果通常不太好。但也有人与这些客户高层打交道时，效果非常好，很快就建立起客户高层对他的信任。分析原因就会发现，他们会自觉或不自觉地使用向客户高层“请教”的技巧。因为他们刚毕业，人生经验、销售经验都不足。这样一来，效果反而“出奇”地好。

但使用这个技巧有一点需要注意，就是要真心请教，而不是为了建立关系虚假地、拍马屁地“请教”，这样会适得其反。那些刚毕业的人使用这个方法效果很好，就是因为他们没有其他办法，只有真心请教。

好关系的本质是长时间发展的一种关系或一种联系。与客户高层建立关系，需要销售人员制定计划，“由浅到深”“自然”地进行；需要销售人员的“付出”，同时也需要客户高层相应地“付出”；销售人员还需要表现出人际关系中取得信任的行为。如果销售人员能够这样做，与客户高层建立起良好的关系就是“水到渠成”“自然”的结果。

第八章

Chapter 8

如何让客户高层做决定顺理成章

我在做培训调研时，问销售经理："你们的销售人员最缺什么技巧?"大部分回答是成交技巧。我继续问："你说的成交技巧是什么意思?"通常的回答："就是用什么方法、技巧请客户高层下订单、签订合同、获得业绩。"

多数公司都会将销售人员的业绩与成交技巧画等号。理由是，如果销售人员的成交技巧好，他们的业绩就会提高。事实上，这是他们找我开展"与客户高层打交道"培训的最初原因。这让我陷入两难境地，如果我回答能够帮助销售人员提高他们所说的"成交技巧"，就与我要讲的内容不符；如果我回答不能，他们为什么还要请我做培训呢?

一、成交是销售流程进展的自然结果

多年来，我一直致力于帮助销售人员和企业提升销售业绩，与很多优秀的销售人员一起工作过，对于“成交”，我的看法是，成交并非发生在最后要客户高层做决定时，它从一开始便展开，并且贯穿整个与客户高层打交道过程中。其实，读到这里，你应该清楚客户高层做采购决定时要考虑很多因素，很少当着销售人员的面做出成交决定，销售人员就是有所谓的“成交技巧”也用不上。所以，我不教所谓的“成交技巧”。

事实上，销售人员与客户高层打交道时做的所有事情，归结起来就是销售人员通过系统地、有计划地按照打交道流程推进销售进程，最终让客户高层顺理成章地做采购决定。顺理就是采购决定有理由（通过为客户高层创造价值，让他更信任销售人员实现），成章就是采购决定符合采购规定（通过遵守采购流程实现）。顺理成章，就能使客户高层自然地做出采购决定——购买销售人员所销售的产品。换句话说，成交就是销售流程进展的自然结果，最佳的成交境界并非成交本身。

前面介绍的内容就是为了使销售人员能够做到让客户高层做决定顺理成章。如果客户高层决定不采购销售人员所销售的产品，应该是销售人员没有遵循与客户高层打交道流程，做了或者没做某些事情，致使在取得客户高层信任的某些方面达不到要求，如没有让客户高层信任产品的价值；没有做他的下属的工作；让他做决定不符合采购流程；销售人员与客户高层的关系没有其他的销售人员与他的关系好；销售人员对他使用了成交技巧，降低了自己的信任度等，导致客户高层不能顺理成章地决定采购这位销售人员所销售的产品，即不能“成交”。

不能“成交”时，销售人员要做的是从打交道流程分析，哪些方面做得不好、做得不到位，而不是提高所谓的“成交技巧”。

为什么有时成交技巧对客户高层不起作用?

第一，销售研究证明，成交技巧与成交金额的大小有直接关系。当成交金额小、对购买决策者影响不大时，与成交有关的技巧能发挥作用；在成交金额大且影响很大的采购中，成交技巧就没有作用了。

第二，如果销售人员能想到现在不是成交的时机，客户高层肯定也想到了。此时，销售人员对客户高层使用成交技巧，就表示销售人员在“逼迫”或者“求”他做他还不想做的决定，不仅会适得其反，达不到成交的目的，还会让他反感，降低自己的可信度。如果你知道有人在你身上使用成交技巧，你有何感想？你也会不喜欢。

“成交技巧在大订单销售中是无效的，甚至是有害的。”尼尔·雷克汉姆说。

二、与客户高层“谈判”策略

（一）成交面临的挑战

成交是销售进展的自然结果，但不表示在销售流程的末期，不会遇到障碍或挑战。这就是来自与价值相关的挑战，如降低价格、提高优惠条件、延长质保期限、延长付款期限，等等。无论对方如何对你的产品感兴趣，都不表示他不会议价，毕竟每个人都想获得最划算的交易。因此，销售人员必须具备应对这个挑战的能力，这是成交的重要组成部分。

市面上有很多关于谈判技巧的书，它们有一个共同特点，就是将客户，特别是客户的采购描绘成只顾自己利益、充满谈判技巧的“压榨机”，要销售人员像谈判专家似的，运用“复杂”的谈判技巧，“摆开架势”与客户进行“正式”谈判，期间充满着“激烈”的讨价还价与狡诈伎俩。如果从事了一段时间的销售工作，你就会发现，客户也知道双赢的重要性，将供应商“榨得”没有利润，对他们也没有好处；他们明白“一分钱一分货”的道理，价格几乎是“透明的”，并且，一般像这种面向公司的销售，他们其实对价格并不敏感。之所以不敏感，其中一个可能的原因是公司出钱，不是自己出钱，不用像自己掏钱买东西那样斤斤计较。因此，那种“摆开架势”与客户进行“正式”谈判的机会几乎没有，那些“复杂”的谈判技巧可能根本用不上。

在实际销售工作中，客户高层通常将谈判交给采购做，大的项目更会通过招投标进行，一般他不会与销售人员“谈判”，但到了销售流程的末期，当他与销售人员面谈时，他有可能才会提出这些与价值相关的问题。这时的重点是，销售人员不是要与他“谈判”，而是要应对好这些问题。谈判技巧不是本书的重点，在此只介绍几个与此有关的要点。

（二）与客户高层“谈判”的要点

1. 客户高层关心价值而非价格

价值在销售中有丰富的含义且经常被滥用，前面我们分析了为客户高层创造价值，是指为赢得客户高层的信任而做的所有对他有价值的事情。而这里的价值是指产品的价值。

销售人员之前做的工作还有用吗？培训中经常有学员提到这个问题。因为不管销售人员如何做，到成交的时候，客户高层仍然只考虑产品的价值，为什么之前还要做那么多工作呢？

要弄清楚一点，产品的价值是建立在客户高层对销售人员的信任的基础上的，销售人员之前所做的工作会影响他对产品价值的考量，影响他的“谈判”态度和“要价”的高低。例如，销售人员之前做的工作到位，客户高层与这位销售人员的“谈判”就不会那么“强势”，或者是“象征性”地“要价”，如他对其他销售人员要求一定要降10%，或者一定要达到哪些条件，而对这位销售人员可能只是“象征性”地降一点就可以了。所以，客户高层跟你谈，就是之前工作价值的体现，不然你连谈的资格都没有。

产品的价值＝收益－成本－风险。所以，那些涉及能够带来产品价值的因素，如产品带来的高收益、降低的成本、减少的维护成本、减少的潜在风险的收益、额外延长的售后服务时间、增加的培训，甚至帮助客户高层个人减少的风险等，都可以成为销售人员与他谈判的因素，而不仅仅是价格。

在实际销售工作中，有意思的是，客户高层虽然关心的是价值，却会以价格的形式说出来。如客户高层通常会说：“你们的产品不错，但我们的预算有限，能否再降低价格？”或者说：“你们的竞争对手的价格比你们低30%，所以，你们的价格还要再降低。”此时，销售人员就要跟他谈产品的价值，即用那些能够带来产品价值的因素应对，而不只是谈价格。只是谈价格就只有降价了，不然就没得谈了。

2. 在决策时，客户高层更关心风险

销售专家凯斯·M. 依迪斯说："在做购买决策时，风险的重要性远高于多数销售人员所能理解的程度。"他给出了购买者的关注点随时间变化的关系图，如图 8-1 所示。

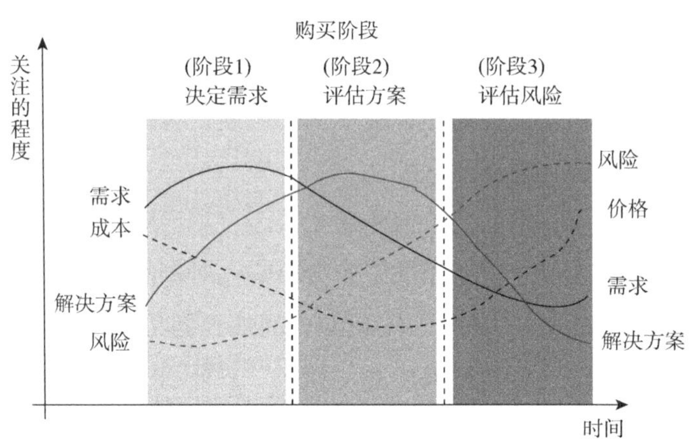

图 8-1　购买者关注点的变化图

他认为，在销售流程的第三个阶段，即购买决策时，价格已不是最重要的考虑因素，风险才是。这对销售人员有什么意义呢？身为销售人员，首先，要了解考虑风险是很正常的事情；其次，我们可以将降低风险作为转移价格因素的强大的谈判战术。

3. 是交换而不是让步

是交换而不是让步，这是通常的谈判技巧。意思是不要平白无故地做出让步，如果你做出让步，也要让对方做出让步。销售人员常见的问题是，在与客户的谈判中，特别是与客户高层的谈判，常常迫于对方的压力而轻易做出平白无故的让步。结果，对方"得寸进尺"，要求更多的让步，自己损失利润的同时，还降低了可信度，让自己处于更加被动的局面。例如，客户高层让你降价 10%，你就平白无故地降 10% 或 8%，不让他也做出相应地让步，他会怎么想？他会认为你之前的价格报高了，对他不“诚实”。这不是降低了你的可信度吗？他不是会要求降更多的价格吗？

4. 准备好付出得到表

要应对好客户高层的“谈判”，关键是做好准备，而最重要的是你需要知道能够付出什么、不能付出什么、能得到什么、客户高层需要什么、愿意付出什么。那么，事先准备好付出得到表就很重要，表 8－1 是一个范例。

表 8－1　付出得到表

我们的重要性顺序	我们得到（客户付出）	潜在价值（万元）		我们付出（客户得到）	预估对客户高层的重要性顺序
		最高	最低		
1	更大的合同金额	50	10	货款首付由 30% 降到 20%	3
2	驻厂人员期限由 9 个月减为半年		15	延长售后服务时间为 3 个月	1
3	成为参考案例		20	安装调试时间由 4 周减为 3 周	2
4	质保金金额由 10% 减为 5%		2	培训折扣	5
5	减少一次培训		1	交货期由 4 个月减为 3.5 个月	4
……					
不会让步	提供免费备件 维修费用折扣 增加 1 个驻厂人员				

5. 是应对不是谈判

此时，销售人员与客户高层不是谈判，是应对。因为客户高层通常是将谈判交给采购做的，他只是“问起”。对这点的认识非常重要，因为价格最后还是由采购来谈，所以，结果显得“不重要”，重要的是“应对”好这些问题，不降低自己的可信度。比起谈判，这个“难度”就降低了很多。

同时，也让销售人员多了一个非常有效的应对方法——回去请示。例如，当客户高层让你降价10%，你不知道如何处理时，就可以说要回去请示一下再答复他，就应对过去了。

6. 站在客户高层的立场，为他考虑

如果你站在客户高层的立场为他考虑，就能很好地应对他的问题，同时增加自己的可信度。例如，销售人员常常要面对客户高层要求缩短交货期的压力，如将交货期由8周改为6周。8周很容易完成，而6周时间很紧张，经常有销售人员因为不知道如何应对这个问题就答应6周。结果，销售人员的公司要加班加点，压力很大，如果因此晚了1~2天，客户高层还不满意。但如果你站在客户高层的立场上，这个问题就很好解决。“李总，谢谢你给我们这次机会（因为谈到交货期了），现在说交货期是我对你的承诺，我要对你负责，但签了合同后，就变成是你对公司的承诺了，是你的压力。我要和你一起，去向我们公司追货。现在你给我这么短的时间，万一达不到，不是害了你吗?”此时，客户高层一般会说：“那好吧，就写8周，但你给我6周搞定啊，要不然我们太紧了。”看，多么自然、轻松地化解了这个问题，还赢得了客户高层的好感与信任。

【案例】要求降价时

当客户高层要求降价时，对话如下：

李涛：“你们的竞争对手价格比你们低 30%，所以，你们的价格还要降低 20%。”

张威：“李总，采用我们的解决方案，每年能帮助你减少 500 万元以上的成本，我们是按长期合作的大客户给你们报价的，已经很优惠了。”

李涛：“我知道，但我们的预算有限，你们还要降一点价格。”

张威：“这样啊，李总，那你们另一条生产线的项目这次是否可以一起签给我们，这样我们能够节省一些前期费用，就可以多给你们一些优惠了。”

李涛：“另一条生产线的项目计划现在还没有最终确定，我们还是先把这个项目谈下来吧，你们做出一些让步，好让我在谈判中有所得啊。”

张威：“哦，那我要回公司请示，看采取什么方法能让我们达成协议，但你让我们优惠，你们也要给我们一些优惠啊。”

这里要注意的是，当客户高层提出降价要求时，如果你不降价或者一直“抵抗”，同时也一直要求他做出相应的让步，他会有什么感受呢？他一方面会感受到你的价格是“实在的、诚实的”的；另一方面，他会感觉不成功，没有“面子”，就会有一种“失落感”。在实际工作中，不是经常听到采购最后说：“你总得给我降点才行，不然就显得我没有做工作。”或者说：“你总得给我降点才行，不然就显得我的谈判能力不行。”

这种“失落感”对成交是一种“威胁”，如果对方很“计较”，威胁就更大了。如何应对这种“威胁”？这里有一个“秘密”，在实际销售工作中，当客户高层初次谈到价格的时候（当然是成交阶段，成交的希望很大时），那些经验丰富的销售人员会将价格报高几个百分点。这样经过几次“抵抗”后，最后就降几个百分点，结果皆大欢喜。但即使这样，也要对方做一点“小的”“象征性”的让步，如将签单日期提前几天等。

三、销售人员常见问题

（一）急于成交，逼得太紧

销售人员因为缺乏与客户高层打交道的经验，或者因为业绩压力会急于成交，将客户高层逼得太紧会适得其反。

（二）轻易让步，轻易答应太多要求

销售人员因为不知道如何应对客户高层的问题，或迫于客户高层的压力轻易让步，或答应太多要求，如轻易地降价、随便答应将交货期缩短、延长售后服务时间，等等。这会对销售人员公司的利润、生产、售后服务造成影响，归结起来就是轻易地增加了公司的成本，减少了公司的利润。

第九章

Chapter 9

如何与客户高层保持关系

销售人员通过与客户高层建立关系，赢得他的信任，让他做采购决定顺理成章，将产品引进客户高层的公司后，接下来的课题就是如何与他保持关系。

很多销售人员对此认识不足。他们认为与客户高层的关系不错，产品也进入了他的公司，保持关系的活动就不重要了，要做也是送礼、吃饭等低层次的活动。时间一长，他们就发现与客户高层的关系淡了，没那么融洽了，要见他也不容易了。最后，一方面，客户高层不再轻易答应见这位销售人员了；另一方面，这位销售人员不知道以什么理由见他了。要送礼也不知道怎么送，因为一般的礼物都送过了，要送更贵重的礼物，受公司预算的限制又送不起。眼看着自己辛苦建立起来的关系要完了，还不知道问题出在什么地方。

一、为什么保持关系很重要

（1）客户高层原本不认识销售人员，与销售人员没有关系，销售人员花了很多“心思”，采用各种“策略、技巧”与他建立关系，最终取得他的信任，他也决定购买销售人员所销售的产品。他自然希望销售人员一如既往地与他联系，兑现之前承诺，与他分享有价值的信息，而不是与销售人员的关系就此中断。如果销售人员就此中断了与他的关系，那么，他就会产生疑虑，质疑销售人员之前所做的一切，认为销售人员之前所做的就是为了销售自己的产品，从而迅速降低对销售人员的信任。

（2）如果你的销售经验足够多，就会知道，不是卖完产品就完事了，还有很多售后服务要做。不要认为这是售后服务部门的事，客户高层只认你，因为是你将产品卖给他的。有时候出现问题，问题的原因可能很复杂，很难解决，或分不清是谁的责任，这时就需要客户体谅并给予帮助；有时候因为某种原因，下属会刁难销售人员，如果与客户高层关系好就会有很大帮助。

（3）销售人员应该体会得到，与不认识的客户高层建立起关系需要花很多精力、时间，还需要运气，很不容易。这么“难”建立起来的关系“随便”中断、失去，多么可惜！

（4）客户高层既然能到高层的位置，必然在能力、经验、阅历、人脉等方面有过人之处。如果销售人员与他一直保持良好的关系，能够在年轻时（销售人员通常比较年轻）得到他的指点，对销售人员的成长大有好处。

所以，与客户高层保持关系，不管是对工作还是对销售人员自己都是有益的，销售人员应该认真做好这件事。

二、保持关系要点

（一）通盘考虑

要将与客户高层保持关系作为打交道策略的一部分通盘考虑，即在与他建立关系时就考虑如何保持关系。

有的销售人员因为没有通盘考虑，在与客户高层建立关系阶段，为了让他决定购买自己的产品，对他做了过度销售或过度承诺，如过度吹嘘自己产品的性能和售后服务的承诺、过度承诺在其他方面帮助他，等等。使得客户高层对这些承诺期望很高，导致日后与客户高层保持关系的成本提高、难度增大。这给自己与客户高层保持关系设置了很高的门槛，最后很可能维持不下去。

（二）兑现承诺

这与一般的社交规则一样，如果不能兑现承诺就是失信于人，保持关系就无从谈起。

作为兑现承诺最重要的部分，销售人员要：

（1）重视售后服务。如果产品在日后的使用中出现了问题，而又得不到很好的解决，就意味着客户高层做的采购决定是错误的，也就是之前信任销售人员是错误的。

（2）验证价值。销售时说产品好，能够达到什么效果，现在购买了你的产品，效果究竟如何？最好的办法就是进行价值验证，证明你的产品能够达到甚至超过销售时所说的效果，证明客户高层的采购决定是正确的。这可以在产品正式使用一段时间，或者是与客户约定的时间进行。对于大的项目，可能就包含在项目总结报告中；对于小的项目，也要让客户高层知道结果，可以通过邮件或口头方式。总之，重要的是让客户高层知道他的采购决定是物有所值的、正确的。

（三）要围绕工作来保持关系

在实际工作中，很多销售人员在把产品卖给客户后，在与客户高层之后的交往中就不谈或很少谈工作了，而是吃饭、送礼，他们认为这样做会加强与他的关系。客户高层一般很忙，请他吃饭的人很多，对于没有意义的吃饭，他们通常认为是浪费时间，对此很反感。送礼，销售人员又能送多少呢？而且每送一次礼，都提高了受礼者——客户高层的期望，下一次送礼的门槛更高了。

工作才是客户高层最关心的事情，这才是销售人员与他打交道的根本原因。所以，工作才是销售人员与客户高层的交集。

如何围绕工作保持、加强与客户高层的关系？

（1）围绕工作保持、加强与客户高层的关系，就是要根据签订购买合同后的不同阶段，客户高层关注的重点开展工作。如合同签订后到产品交付阶段，客户高层关注的是能否按时交货。所以，销售人员就要让他知道，自己在跟进产品的交货进度。合同签订半年后，客户高层希望销售人员继续与他联系，不要让他有“过河拆桥”的感觉。

（2）体现在售后服务上，目标就是通过售后服务过程体现销售人员的人品及给客户高层带来的价值，具体表现为销售人员的专业、诚信、细心、责任心等，以此加强他对销售人员的认可及信任，使销售人员与他的关系得以保持、加强。

很多销售人员可能会说：“我对售后服务也很负责、很认真，但似乎没有加强我与客户高层的关系。”这里的关键问题是销售人员没有将做好售后服务和与客户高层保持关系联系起来，销售人员做了工作，而客户高层不知道。

例如，销售人员的产品在使用不久后出现了问题，他付出了努力，及时解决问题。接下来怎么做呢？他应该利用总结此次解决问题的机会，写一份邮件发给相关人员，并抄送给客户高层。这样，客户高层就知道了销售人员的付出，并由此认为销售人员是负责任的、是会兑现承诺的等，与销售人员的关系就会好一点。很遗憾，很多销售人员至问题解决就结束了，失去了一次让客户高层认可的机会。

总之，应该像与客户高层建立关系时那样，围绕工作制定计划，来保持、加强与他的关系，才是销售人员应该努力的重点。

（四）发现新的销售机会

如果能发现新的销售机会，销售人员就可以“顺势”与客户高层继续打交道了，与他的联系、接触机会自然会增加，与他的关系就能保持与加强。所以，销售人员在开展与客户高层保持关系的活动中，要用心留意是否有新的销售机会，这对帮助客户高层解决问题、创造更多的价值、与他保持关系、销售人员提高业绩都有好处。

（五）遵循一般的社交规则

如经常联系、发微信、偶尔一起吃饭等，都有助于保持与客户高层的关系。但这些最好围绕工作开展，不能为了联系而联系、为了吃饭而吃饭。当然，将与客户高层的工作关系向私人关系延伸一点，也是有益的。

三、保持关系指引

结合前面介绍的与客户高层保持关系的要点、相关的心理学知识及销售经验，我给出一个与客户高层保持关系的框架性指引，如表 9－1 所示。遵循这个指引，你将自然、轻松地与客户高层保持关系。这是一个框架性指引，你需要根据实际情况制定计划，并相应地做出调整。

表 9－1　与客户高层保持关系的框架性指引

阶段	客户高层关注重点	工作重点	要点
阶段 1： 签订合同—产品交付使用	产品能否按时交货	跟进产品交付进度	让客户高层知道你在跟进产品进度，可用发邮件的方式让他知道。如发货了，发邮件告知他的下属时，抄送给他 频率：1～2 次接触（让他知道）
阶段 2： 产品交付—产品使用 3 个月	产品使用是否正常 销售人员是否还像以前一样，与他联系那么频繁	跟进、解决产品售后服务问题 与客户高层保持较多联系	让客户高层知道你在跟进、解决售后服务问题 不要快速减少与客户高层接触的频率，这会让他产生疑虑 频率：3～4 次接触（让他知道）
阶段 3： 产品使用 3 个月以上	产品是否能够带来预期的收益/价值 销售人员是否“过河拆桥”	验证价值 继续跟进、解决产品售后服务问题 发现新的销售机会 与客户高层保持联系	让客户高层了解使用产品的价值，也就是验证价值 就新发现的问题与客户高层沟通，获得新的销售机会 与客户高层保持正常的交往联系 频率：3～6 个月，1～2 次接触/2 个月；6 个月以上，不少于 1 次接触/2 个月

四、需要了解的有关心理学知识

掌握相关的人际交往心理学知识并加以运用，将会极大地提升销售人员与客户高层保持关系的效率与质量。

（一）客户期望管理

从服务方面理解，与客户高层保持关系也是一种服务。根据客户满意度研究，客户满意度 = 客户感受的服务 − 客户期望的服务。

因此，管理客户期望对于提高客户满意度很重要。研究表明，客户对服务的期望会因所受到的服务而提高。例如，在商场里买东西，售货员额外送给客户一张 10 元现金券，客户会很高兴。但下次去买同样的东西，售货员同样送 10 元现金券，客户就没那么高兴了，他会认为买东西就应该得到 10 元现金券，甚至如果不给客户 10 元现金券，他可能会不高兴。这个概念解释了为什么不能总靠送礼、吃饭保持与客户高层的关系。在实际销售工作中，很多销售人员都有这种感受，开始请客户吃饭，他很高兴，后来就习惯了，认为是应该的，再后来不请吃饭，他就不高兴了。最后，变成销售人员很怕见这位客户了。管理客户期望也要求销售人员在销售时诚实，不要过度销售、过度承诺。

（二）认知不协调理论

这个理论解释了与客户高层保持关系时，不时地请他“帮一点小忙”对保持与他的关系比送礼、“求”他效果好的原因。

（三）同理心

人们会因为相同的经历、对事情相同的态度等，更容易相互理解。在实际销售工作中，一般来说客户高层年龄比销售人员大，销售人员比较年轻。客户高层通常因为在年轻时工作努力、认真负责等被提拔，慢慢做到现在的位置。如果销售人员也努力工作，认真负责，就容易得到客户高层的认可、欣赏，就能加深与他的关系。

（四）互惠原则

你帮助一个人，就能够增加他对你的好感，并且他也会想帮助你。将这条原则运用于与客户高层保持关系上，销售人员就要考虑怎样才能帮助他。我建议销售人员向客户高层分享与销售产品有关的知识、信息，如技术、指标、行业发展趋势、竞争情况等，这是客户高层感兴趣的信息，又是销售人员擅长的，而且，这样做符合人际影响力的另一个重要原则——权威原则。很遗憾，在实际工作中，很多销售人员却不把重点放在这方面。

与客户高层保持关系，不是可做可不做的事，从某种程度上说，它比建立关系更重要，因为这要涉及兑现承诺。这不是一时的事，需要策略，要长期坚持。希望上述内容对销售人员有所启示、帮助。

第十章

Chapter 10

与客户高层打交道更有效

写到这里的时候，我得到了一个消息，一个学员刚刚赢得了一个原本没有希望的“死单”，关键是在不到 4 个月的时间，通过与客户高层打交道赢得了客户高层的信任与支持。他很开心，打电话给我，分享他的喜悦与经验。这个故事再次证实了与客户高层打交道的重要性，相信你也想取得这样的成功。

读到这里，你应该已经掌握了与客户高层打交道的基本技巧，包括一系列的概念、流程和工具，它们在你与客户高层打交道时很有价值。但是，要发挥它们的价值，取得最终的成果，还需要其他支持性因素，这正是本章要讨论的内容。

一、成功销售人员的特征

与客户高层打交道，成功的销售人员与普通的销售人员之间肯定是有区别的。多年来，我与很多能够成功地与客户高层打交道的销售人员一起工作过，我发现他们身上有一些共同的特征：

（一）必胜的信心

美国领导力大师史蒂芬·柯维（Stephen R. Covey）说："我们所做的一切决定都受控于某个力量，它不仅时时影响我们的思考和感受，也主宰我们是否会拿出行动。这个力量就是信心。"

史蒂芬·柯维认为，信心不是一种抽象的、看不见的、感受不到的东西，它通过人的活动体现出来。它是蕴藏于人的内心而直接体现在行动中的心理表现。这种说法非常有道理，你说你有信心，就要在行动中体现出来。

如何才能激发信心呢？这需要做出一个发自内心的由衷的决定。史蒂芬·柯维说："当我们使用'决定'这个词时，那可是抱着玩真的念头。"不少人会这么说："我决定减肥。"可是口气却稀松平常，一点都不当回事。这不是决定，只是一种心愿，换句话说，就是能减肥当然好，不能减肥就拉倒。这样能减肥吗？一个发自内心的由衷的决定是，除了要这么做外，不再有第二种想法，更不会有半途而废的念头。

相比与客户一般人员打交道，与客户高层打交道的挑战大得多，会遇到很多障碍、困难，要取得成功需要的时间通常来说也会长很多。此时，如果你有信心，你就不会退缩，就会用意志和决心支持自己的销售努力，就会想方设法地跨越障碍；如果你没有信心，就很可能被困难吓倒，打起了退堂鼓。

所以，要成功与客户高层打交道，你必须具备强烈的自信心。圣·奥古斯汀（St. Augustine）说："信心就是眼睛尚未看见便相信，最终它会让你真正看见以为回报。"

有信心的行动表现在两个方面：认为与客户高层是平等的，愿意付出。

一分耕耘一分收获。人们常常看到了成功者的荣耀，看不到他大量的付出。如果用比赛做比喻，与客户高层打交道成功相当于获得了冠军。要获得冠军，除了具有天赋外，还有长期的、艰苦的、大量的训练，而这种付出可能需要几年，甚至更长的时间。不愿意付出，与客户高层打交道不可能成功。

如果你取得一次与客户高层打交道的成功体验，你就不会认为与客户高层打交道很难了，你会更加有信心。

（二）发挥自己的优势

与客户高层打交道是销售人员与客户高层之间的互动，似乎每个销售人员都知道，要发挥销售人员自身的优势。但很多销售人员只是凭感觉去做，而成功的销售人员是主动地、有意识地发挥，将自身的优势发挥到最好。

他们在制定与客户高层打交道策略时，就考虑了如何发挥自己的优势。

通过发挥自己的优势，快速地赢得客户高层的信任。与客户高层打交道，如果你能够在某一点上打动他，就能够快速地赢得他的信任。例如，那些刚毕业两三年，从事销售时间不长的年轻销售人员，销售经验、人生经验等都不是他们的优势，他们的优势就是年轻，如果他们让客户高层感觉到他们工作努力、认真，让客户高层仿佛看到了自己年轻时样子，从而打动了他，就能很快赢得他的信任；那些销售经验丰富，对技术、行业很了解的销售人员，与客户高层面谈时，在技术、行业知识方面打动他，也能很快地赢得信任。

（三）良好的学习能力

成功的销售人员具有良好的学习能力，他们能够快速理解客户高层的工作情境、所思所想、做事方式，从而采取合适的策略、方法与客户高层打交道。

如何提升学习能力？

（1）大胆实践。充满信心，大胆地与客户高层打交道。实践是提升能力的最佳方式。

（2）用心观察、分析。在与客户高层打交道时，如见面、打电话、邮件往来，用心观察客户高层的行为表现，分析他们为什么这样做？

（3）心得笔记。当有了与客户高层打交道的心得时，或有灵感、想法时，及时记下来。

（4）向客户高层学习。当自己不理解客户高层的某些行为或想法时，他们就向客户高层请教为什么？例如，当他们在介绍自己的新产品技术如何先进时，发现客户高层似乎对此不感兴趣，那么，他们就会在适当的时机向客户高层请教，为什么对新产品技术的先进性不感兴趣？当客户高层回答："对于新产品，我更关心安全性而不是技术先进性。"这样，销售人员就会学到：理解客户高层对于新产品的考虑重点。

（5）向成功人士学习，向成功的销售人员学习经验。

二、发挥团队的力量

与客户高层打交道，为他们创造价值，需要销售团队的支持。如销售主管、销售经理与客户高层见面、交流，有助于建立客户高层对销售人员的信任；销售人员与客户高层见面谈技术方案，如果有技术支持人员参加，将有助于建立客户高层对于技术方案的信任，等等。

另外，与客户高层打交道，需要公司组织结构的配合，如信息收集、客户分析、接洽、面谈、产品试用、报价、商务谈判、制作投标文件、投标、合同签订、回款、售后服务、客户关系维护等，单靠销售人员一个人是很难胜任的。销售人员与客户高层打交道时，经常会遇到客户高层提出特别要求的情况，需要快速处理、回复。没有公司销售系统的配合、支持，销售人员是很难做到的。

三、对销售人员进行培训

与客户高层打交道是有“门槛”的，只有达到一定要求才能事半功倍。

要让销售人员达到“门槛性”要求的最快、最好的方式就是对他们进行有效的培训，但能真正开展的有效的培训却不多，原因如下：

（1）公司没有认识到开展“与客户高层打交道”培训的重要性，根本就不组织这方面的培训，也没有这方面的计划和预算。

（2）销售人员不重视。有些销售人员没有认识到参加培训的好处，随便找一个理由就不来参加培训了。更有意思的是，他们常常说要见的客户就是客户高层，“很难得、很重要”，只好不来参加培训了。

（3）培训老师达不到要求，培训没有效果，甚至有反效果。进行“与客户高层打交道”的培训，对老师的要求很高。老师需要深刻理解客户高层，深刻理解销售人员，需要将自己所理解的内容讲授出来，并且有经验。因此，老师必须具备以下经验，才有可能使培训有效。

第一，丰富的与客户高层打交道的实际销售工作经验；

第二，担任过高层管理者的丰富经验；

第三，培训经验。

前两点更重要一些。如果培训老师不具备这样的经验，他就会将适用于小订单销售的技巧教给学员；或者改变概念、名称，将一些似是而非的内容教给学员。虽然与客户高层打交道也叫销售，但它的策略、方法和技巧与小订单销售在有很多方面有本质区别。这样教学员，效果肯定不好，出现反效果的概率也很大。

（4）没有开展跟进培训。这是很多公司存在的问题，他们总指望通过 2 ~3 天的培训，大幅提升销售人员与客户高层打交道的能力。因此，不重视跟进培训，培训完就算了，没有开展跟进培训。跟进培训能够了解学员对培训内容的掌握，以及运用培训所学的情况，发现存在的问题，对提升学员与客户高层打交道的能力有实质性的作用。因此，我强烈建议开展跟进培训。

在与客户高层打交道的过程中，销售人员的价值不仅取决于他们所付出的时间和努力，更取决于他们在与客户高层打交道过程中所运用的知识与技巧水平，同时还需要销售团队和公司的支持。销售人员能够与客户高层打交道，将使他与一般的销售人员区别开，并建立起自己的竞争优势，同时也帮助公司赢得市场。我衷心希望本书能够对读者有所裨益。

附　录

计算客户获得收益模型

计算客户获得收益的作用是让客户高层明白使用你的产品或服务后，预计可获得的相关收益。在销售中的证明阶段或销售后的验证价值时使用，这是促成交易或获得新业务最有效的工具。

建立计算客户获得收益模型对建模者的要求比较高，因为很多数据可能是经验数据，或要从客户那里得到数据。所以，最好由公司帮助完成。作为一名销售人员，你可能不了解计算客户获得收益模型的所有细节，但应该明白如何使用客户获得收益模型。

不同的公司、不同的业务，计算客户获得收益模型的细节可能不一样。以下是常用的简单模型：

客户获得的收益 = 总收益 - 总投资

总收益是指客户使用你的产品或服务后所获得的总收益，如增加的收入、减少的成本、减少的风险收入，等等。这些是由你的产品或服务所具有的特性而导致的结果，关键是要将这些结果量化，能够计算出来。

总投资是指客户购买你的产品费用及使用后的维护、保养等费用。

假如张威销售给李涛的计量检测仪设备是150万元/套，计算客户获得收益模型如表1所示。

表1　计算客户获得收益模型

项目		价值（万元）	说明（假设因购买张威的设备而导致……）
收益	增加的收入	100/年	增加的收入包括： 增加的产量的价值，50万元/年 提高了产品质量并因此提高了产品售价的价值，50万元/年

续表

项目		价值（万元）	说明（假设因购买张威的设备而导致……）
收益	减少的成本	第一年70 第二年及以后100/年	减少的成本包括： 减少的人工成本，20万元/年 减少的废品成本，50万元/年 减少的维修和备件成本，30万元/年
	减少的风险收入	30/年	减少了因产品召回而造成的风险成本，30万元/年
投资	购买设备的费用	150	
	设备的维护、保养费用	30/年	
损益平衡点：设备开始使用后的第9个月 第一年净收益：50万元			

“本土管理实践与创新论坛”成立

长期以来，中国企业在学习西方管理、本土化实践中不断进步。经济进入新常态，管理也要进入深水区。东西方企业与管理，有共性，也有个性。本土管理领域正在产生自己独特的理论与模式。尤其在移动互联时代，中国的情况与西方更不同，有很多新课题，需要本土专家们一起研究。

为此，博瑞森图书与各位本土管理专家作者，联合成立“本土管理实践与创新论坛”！“论坛”不以盈利为目的。“论坛”的宗旨是：

孵化思想——加速本土管理思想的孕育诞生

促进实践——促进本土管理创新成果更好服务企业、贡献社会

交流协作——加强本土管理界业内交流、协作

通过这个论坛，让本土实践与思想的交流定期化、常态化。在此平台上，各位作者把自己最新的观察感悟、思考成果、疑问困惑拿出来，或分享交流、或碰撞切磋、或合作攻关。通过举办“年度论坛”、出版《年度报告》等方式，百花齐放、百家争鸣，一起走出本土管理的大未来！

“本土管理实践与创新论坛”联合创始人

彭志雄、曾伟、宋新宇、杨涛、施炜、郭晓、张学军、秦国伟、宁立新、黄中强、程绍珊、张进、史贤龙、杨永华、高可为、史立臣、张博、李志华、张本心、余世耀、杜忠（以年龄为序，以示本土管理群体思想传承之意）

博瑞森图书分类导读图＋书目

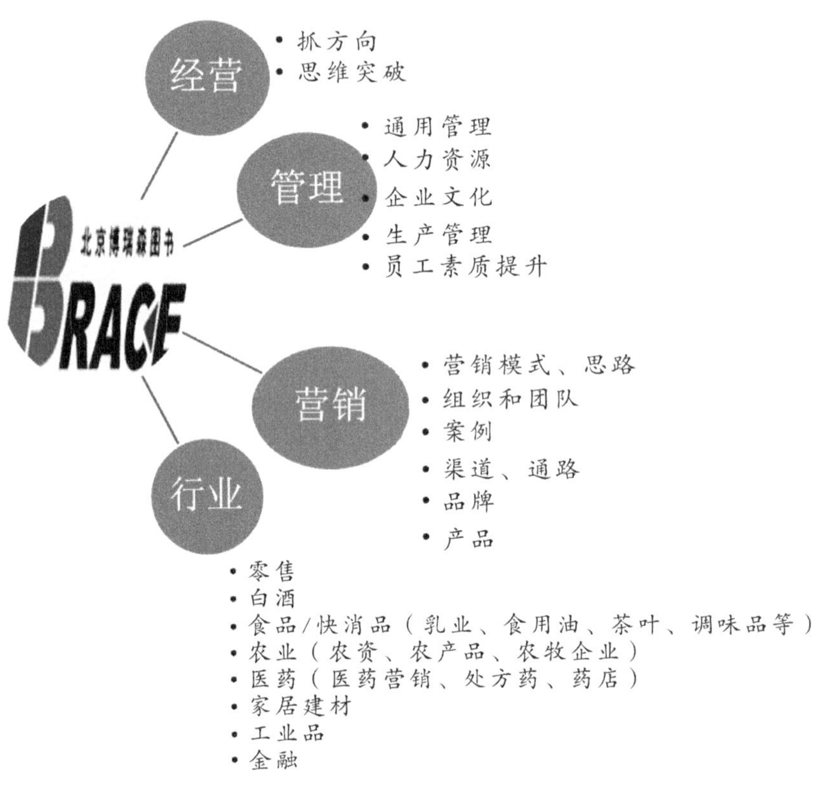

更多实战好书，请关注 **“博瑞森管理图书网”**

BRACE http://www.bracebook.com.cn

博瑞森图书：多读干货，少走弯路

行业类：零售、白酒、食品/快消品、农业、医药、建材家居等			
	书名．作者	内容/特色	读者价值
零售·超市·餐饮·服装·汽车	1. 总部有多强大，门店就能走多远 2. 超市卖场定价策略与品类管理 3. 连锁零售企业招聘与培训破解之道 4. 中国首家未来超市：解密安徽乐城 5. 三四线城市超市如何快速成长：解密甘雨亭 IBMG 国际商业管理集团　著	国内外标杆企业的经验 + 本土实践量化数据 + 操作步骤、方法	通俗易懂，行业经验丰富，宝贵的行业量化数据，关键思路和步骤
	涨价也能卖到翻 村松达夫　【日】	提升客单价的 15 种实用、有效的方法	日本企业在这方面非常值得学习和借鉴
	零售：把客流变成购买力 丁　昀　著	如何通过不断升级产品和体验式服务来经营客流	如何进行体验营销，国外的好经营，这方面有启发
	餐饮企业经营策略第一书 吴　坚　著	分别从产品、顾客、市场、盈利模式等几个方面，对现阶段餐饮企业的发展提出策略和思路	第一本专业的、高端的餐饮企业经营指导书
	赚不赚钱靠店长：从懂管理到会经营 孙彩军　著	通过生动的案例来进行剖析，注重门店管理细节方面的能力提升	帮助终端门店店长在管理门店的过程中实现经营思路的拓展与突破
	汽车配件这样卖：汽车后市场销售秘诀 100 条 俞士耀　著	汽配销售业务员必读，手把手教授最实用的方法，轻松得来好业绩	快速上岗，专业实效，业绩无忧
白酒	变局下的白酒企业重构 杨永华　著	帮助白酒企业从产业视角看清趋势，找准位置，实现弯道超车的书	行业内企业要减少 90%，自己在什么位置，怎么做，都清楚了
	1. 白酒营销的第一本书 2. 白酒经销商的第一本书 唐江华　著	华泽集团湖南开口笑公司品牌部长，擅长酒类新品推广、新市场拓展	扎根一线，实战
	区域型白酒企业营销必胜法则 朱志明　著	为区域型白酒企业提供 35 条必胜法则，在竞争中赢销的葵花宝典	丰富的一线经验和深厚积累，实操实用
	10 步成功运作白酒区域市场 朱志明　著	白酒区域操盘者必备，掌握区域市场运作的战略、战术、兵法	在区域市场的攻伐防守中运筹帷幄，立于不败之地
	酒业转型大时代：微酒精选 2014－2015 微酒　主编	本书分为五个部分：当年大事件、那些酒业营销工具、微酒独立策划、业内大调查和十大经典案例	了解行业新动态、新观点，学习营销方法
快消品·食品	乳业营销第一书 侯军伟　著	对区域乳品企业生存发展关键性问题的梳理	唯一的区域乳业营销书，区域乳品企业一定要看
	食用油营销第一书 余　盛　著	10 多年油脂企业工作经验，从行业到具体实操	食用油行业第一书，当之无愧
	中国茶叶营销第一书 柏　龑　著	如何跳出茶行业“大文化小产业”的困境，作者给出了自己的观察和思考	不是传统做茶的思路，而是现在商业做茶的思路
	调味品营销第一书 陈小龙　著	国内唯一一本调味品营销的书	唯一的调味品营销的书，调味品的从业者一定要看
	快消品营销人的第一本书：从入门到精通 刘　雷　伯建新　著	快消行业必读书，从入门到专业	深入细致，易学易懂
	变局下的快消品营销实战策略 杨永华　著	通胀了，成本增加，如何从被动应战变成主动的“系统战”	作者对快消品行业非常熟悉、非常实战
	快消品经销商如何快速做大 杨永华　著	本书完全从实战的角度，评述现象，解析误区，揭示原理，传授方法	为转型期的经销商提供了解决思路，指出了发展方向
	一位销售经理的工作心得 蒋　军　著	一线营销管理人员想提升业绩却无从下手时，可以看看这本书	一线的真实感悟
	快消品营销：一位销售经理的工作心得 2 蒋　军　著	快消品、食品饮料营销的经验之谈，重点图书	来源与实战的精华总结
	快消品营销与渠道管理 谭长春　著	将快消品标杆企业渠道管理的经验和方法分享出来	可口可乐、华润的一些具体的渠道管理经验，实战
	成为优秀的快消品区域经理 伯建新　著	37 个“怎么办”分析区域经理的工作关键点	可以作为区域经理的‘速成催化器’
	销售轨迹：一位快消品营销总监的拼搏之路 秦国伟　著	本书讲述了一个普通销售员打拼成为跨国企业营销总监的真实奋斗历程	激励人心，给广大销售员以力量和鼓舞

续表

农业	**农资营销实战全指导** 张　博　著	农资如何向"深度营销"转型,从理论到实践进行系统剖析,经验资深	朴实、使用!不可多得的农资营销实战指导
	农产品营销第一书 胡浪球　著	从农业企业战略到市场开拓、营销、品牌、模式等	来源于实践中的思考,有启发
	变局下的农牧企业发展9大策略 彭志雄　著	食品安全、纵向延伸、横向联合、品牌建设……	唯一的农牧企业经营实操的书,农牧企业一定要看
医药	**新医改下医药营销与团队管理** 史立臣　著	探讨新医改对医药行业的系列影响和医药团队管理	帮助理清思路,有一个框架
	医药营销与处方药学术推广 马宝琳　著	如何用医学策划把"平民产品"变成"明星产品"	有真货、讲真话的作者,堪称处方药营销的经典!
	新医改了,药店就要这样开 尚　锋　著	药店经营、管理、营销全攻略	有很强的实战性和可操作性
	电商来了,药店应该怎样开 尚　锋　著	电商崛起,药店该如何突围?本书从促销、会员服务、专业性、客单价等多重角度给出了指导方向	实战攻略,拿来就能用
	在中国,医药营销这样做:时代方略精选文集 段继东　主编	专注于医药营销咨询15年,将医药营销方法的精华文章合编,深入全面	可谓医药营销领域的顶尖著作,医药界读者的必读书
	OTC医药代表药店开发与维护 鄢圣安　著	要做到一名专业的医药代表,需要做什么、准备什么、知识储备、操作技巧等	医药代表药店拜访的指导手册,手把手教你快速上手
建材家居	**建材家居营销实务** 程绍珊　杨鸿贵　主编	价值营销运用到建材家居,每一步都让客户增值	有自己的系统、实战
	建材家居门店销量提升 贾同领　著	店面选址、广告投放、推广助销、空间布局、生动展示、店面运营等	门店销量提升是一个系统工程,非常系统、实战
	10步成为最棒的建材家居门店店长 徐伟泽　著	实际方法易学易用,让员工能够迅速成长,成为独当一面的好店长	只要坚持这样干,一定能成为好店长
	手把手帮建材家居导购业绩倍增:成为顶尖的门店店员 熊亚柱　著	生动的表现形式,让普通人也能成为优秀的导购员,让门店业绩长红	读着有趣,用着简单,一本在手、业绩无忧
工业品	**解决方案营销实战案例** 刘祖轲　著	用10个真案例讲明白什么是工业品的解决方案式营销,实战、实用	有干货、真正操作过的才能写得出来
	变局下的工业品企业7大机遇 叶敦明　著	产业链条的整合机会、盈利模式的复制机会、营销红利的机会、工业服务商转型机会……	工业品企业还可以这样做,思维大突破
	工业品市场部实战全指导 杜　忠　著	工业品市场部经理工作内容全指导	系统、全面、有理论、有方法,帮助工业品市场部经理更快提升专业能力
	工业品营销管理实务 李洪道　著	中国特色工业品营销体系的全面深化、工业品营销管理体系优化升级	工具更实战,案例更鲜活,内容更深化
金融	**交易心理分析** (美)马克·道格拉斯　著 刘真如　译	作者一语道破赢家的思考方式,并提供了具体的训练方法	不愧是投资心理的第一书,绝对经典
	精品银行管理之道 崔海鹏　何　屹　主编	中小银行转型的实战经验总结	中小银行的教材很多,实战类的书很少,可以看看
	支付战争 Eric M. Jackson　著 徐　彬　王　晓　译	PayPal创业期营销官,亲身讲述PayPal从诞生到壮大到成功出售的整个历史	激烈、有趣的内幕商战故事!了解美国支付市场的风云巨变
房地产	**产业园区/产业地产规划、招商、运营实战** 阎立忠　著	目前中国第一本系统解读产业园区和产业地产建设运营的实战宝典	从认知、策划、招商到运营全面了解地产策划
	人文商业地产策划 戴欣明　著	城市与商业地产战略定位的关键是不可复制性,要发现独一无二的"味道"	突破千城一面的策划困局

续表

经营类:企业如何赚钱,如何抓机会,如何突破,如何“开源”			
	书名.作者	内容/特色	读者价值
抓方向	让经营回归简单.升级版 宋新宇 著	化繁为简抓住经营本质:战略、客户、产品、员工、成长	经典,做企业就这几个关键点!
	企业由小到大要过哪些坎 卢强 著	老板手里的一张“企业成长路线图”	现在我在哪儿,未来还要走哪些路,都清楚了
	企业二次创业成功路线图 夏惊鸣 著	企业曾经抓住机会成功了,但下一步该怎么办?	企业怎样获得第二次成功,心里有个大框架了
	老板经理人双赢之道 陈明 著	经理人怎养选平台、怎么开局,老板怎样选/育/用/留	老板生闷气,经理人牢骚大,这次知道该怎么办了
	简单思考:AMT 咨询创始人自述 孔祥云 著	著名咨询公司(AMT)的 CEO 创业历程中点点滴滴的经验与思考	每一位咨询人,每一位创业者和管理经营者,都值得一读
	企业文化的逻辑 王祥伍 黄健江 著	为什么企业绩效如此不同,解开绩效背后的文化密码	少有的深刻,有品质,读起来很流畅
	使命驱动企业成长 高可为 著	钱能让一个人今天努力,使命能让一群人长期努力	对于想做事业的人,‘使命’是绕不过去的
思维突破	移动互联新玩法:未来商业的格局和趋势 史贤龙 著	传统商业、电商、移动互联,三个世界并存,这种新格局的玩法一定要懂	看清热点的本质,把握行业先机,一本书搞定移动互联网
	画出公司的互联网进化路线图:用互联网思维重塑产品、客户和价值 李蓓 著	18 个问题帮助企业一步步梳理出互联网转型思路	思路清晰、案例丰富,非常有启发性
	重生战略:移动互联网和大数据时代的转型法则 沈拓 著	在移动互联网和大数据时代,传统企业转型如同生命体打算与再造,称之为“重生战略”	帮助企业认清移动互联网环境下的变化和应对之道
	创造增量:穿越企业互联网转型的“黑洞” 刘红明 著	传统企业需要用互联网思维去创造增量,而不是用电子商务去转移传统业务的存量	教你怎么在“互联网+”的海洋中创造实实在在的增量
	7 个转变,让公司 3 年胜出 李蓓 著	消费者主权时代,企业该怎么办	这就是互联网思维,老板有能这样想,肯定倒不了
	跳出同质思维,从跟随到领先 郭剑 著	66 个精彩案例剖析,帮助老板突破行业长期思维惯性	做企业竟然有这么多玩法,开眼界
	麻烦就是需求 难题就是商机 卢根鑫 著	如何借助客户的眼睛发现商机	什么是真商机,怎么判断、怎么抓,有借鉴

管理类:效率如何提升,如何实现经营目标,如何“节流”			
	书名.作者	内容/特色	读者价值
通用管理	1. 让管理回归简单.升级版 2. 让经营回归简单.升级版 3. 让用人回归简单 宋新宇 著	宋博士的“简单”三部曲,影响 20 万读者,非常经典	被读者热情地称作“中小企业的管理圣经”
	边干边学做老板 黄中强 著	创业 20 多年的老板,有经验、能写、又愿意分享,这样的书很少	处处共鸣,帮助中小企业老板少走弯路
	阿米巴经营的中国模式 李志华 著	让员工从“要我干”到“我要干”,价值量化出来	阿米巴在企业如何落地,明白思路了
	欧博心法:好管理靠修行 曾伟 著	用佛家的智慧,深刻剖析管理问题,见解独到	如果真的有‘中国式管理’,曾老师是其中标志性人物

续表

流程管理	1. 用流程解放管理者 2. 用流程解放管理者 2 张国祥　著	中小企业阅读的流程管理、企业规范化的书	通俗易懂,理论和实践的结合恰到好处
	跟我们学建流程体系 陈立云　著	畅销书《跟我们学做流程管理》系列,更实操,更细致,更深入	更多地分享实践,分享感悟,从实践总结出来的方法论
战略落地	公司大了怎么管:从靠英雄到靠组织 AMT 金国华　著	第一次详尽阐释中国快速成长型企业的特点、问题及解决之道	帮助快速成长型企业领导及管理团队理清思路,突破瓶颈
	低效会议怎么改:每年节省一半会议成本的秘密 AMT 王玉荣　著	教你如何系统规划公司的各级会议,一本工具书	教会你科学管理会议的办法
	年初订计划,年尾有结果:战略落地七步成诗 AMT 郭晓　著	7 个步骤教会你怎么让公司制定的战略转变为行动	系统规划,有效指导计划实现
企业案例·老板传记	宗:一位制造业企业家的思考 杨　涛　著	1993 年创业,引领企业平稳发展 20 多年,分享独到的心得体会	难得的一本老板分享经验的书
	简单思考:AMT 咨询创始人自述 孔祥云　著	著名咨询公司(AMT)的 CEO 创业历程中点点滴滴的经验与思考	每一位咨询人,每一位创业者和管理经营者,都值得一读
	六个核桃凭什么:从 0 到 150 亿 张学军　著	首部全面揭秘养元六个核桃裂变式成长的巨著	学习优秀企业的成长路径,了解其背后的理论体系
	借力咨询:德邦成长背后的秘密 官同良　王祥伍　著	知名物流企业德邦的真实历史记录,讲述德邦是如何借助咨询公司的力量,进行自身成长与发展的	来自于德邦内部的第一线资料,真实珍贵,令人受益匪浅
	三四线城市超市如何快速成长:解密甘雨亭 IBMG 国际商业管理集团　著	国内外标杆企业的经验 + 本土实践量化数据 + 操作步骤、方法	通俗易懂,行业经验丰富,宝贵的行业量化数据,关键思路和步骤
	中国首家未来超市:解密安徽乐城 IBMG 国际商业管理集团　著	本书深入挖掘了安徽乐城超市的试验案例,为零售企业未来的发展提供了一条可借鉴之路	通俗易懂,行业经验丰富,宝贵的行业量化数据,关键思路和步骤
人力资源	回归本源看绩效 孙　波　著	让绩效回顾"改进工具"的本源,真正为企业所用	确实是来源于实践的思考,有共鸣
	曹子祥教你做绩效管理 曹子祥　著	复杂的理论通俗化,专业的知识简单化,企业绩效管理共性问题的解决方案	轻松掌握绩效管理
	把招聘做到极致 远　鸣　著	作为世界 500 强高级招聘经理,作者数十年招聘经验的总结分享	带来职场思考境界的提升和具体招聘方法的学习
	人才评价中心．超级漫画版 邢　雷　著	专业的主题,漫画的形式,只此一本	没想到一本专业的书,能写成这效果
	走出薪酬管理误区 全怀周　著	剖析薪酬管理的 8 大误区,真正发挥好枢纽作用	值得企业深读的实用教案
	集团化人力资源管理实践 李小勇　著	对搭建集团化的企业很有帮助,务实,实用	最大的亮点不是理论,而是结合实际的深入剖析
	我的人力资源咨询笔记 张　伟　著	管理咨询师的视角,思考企业的 HR 管理	通过咨询师的眼睛对比很多企业,有启发
	本土化人力资源管理 8 大思维 周　剑　著	成熟 HR 理论,在本土中小企业实践中的探索和思考	对企业的现实困境有真切体会,有启发
	HRBP 是这样炼成的之"菜鸟起飞" 新　海　著	以小说的形式,具体解析 HRBP 的职责,应该如何操作,如何为业务服务	实践者的经验分享,内容实务具体,形式有趣

续表

企业文化	**华夏基石方法：企业文化落地本土实践** 王祥伍　谭俊峰　著	十年积累、原创方法、一线资料，和盘托出	在文化落地方面真正有洞察，有实操价值的书
	企业文化的逻辑 王祥伍　著	为什么企业之间如此不同，解开绩效背后的文化密码	少有的深刻，有品质，读起来很流畅
	企业文化激活沟通 宋杼宸　安　琪　著	透过新任HR总经理的眼睛，揭示出沟通与企业文化的关系	有实际指导作用的文化落地读本
	在组织中绽放自我：从专业化到职业化 朱仁健　王祥伍　著	个人如何融入组织，组织如何助力个人成长	帮助企业员工快速认同并投入到组织中去，为企业发展贡献力量
生产管理	**高员工流失率下的精益生产** 余伟辉　著	中国的精益生产必须面对和解决高员工流失率问题	确实来源于本土的工厂车间，很务实
	车间人员管理哪些事儿岑立聪　著	车间人员管理中处理各种"疑难杂症"的经验和方法	基层车间管理者最闹心、头疼的事，'打包'解决
	1. **欧博心法：好管理靠修行** 2. **欧博心法：好工厂这样管** 曾　伟　著	他是本土最大的制造业管理咨询机构创始人，他从400多个项目、上万家企业实践中锤炼出的欧博心法	中小制造型企业，一定会有很强的共鸣
	欧博工厂案例1：生产计划管控对话录 **欧博工厂案例2：品质技术改善对话录** **欧博工厂案例3：员工执行力提升对话录** 曾　伟　著	最典型的问题、最详尽的解析，工厂管理9大问题27个经典案例	没想到说得这么细，超出想象，案例很典型，照搬都可以了
	苦中得乐：管理者的第一堂必修课 曾　伟　编著	曾伟与师傅大愿法师的对话，佛学与管理实践的碰撞，管理禅的修行之道	用佛学最高智慧看透管理
	比日本工厂更高效1：管理提升无极限 刘承元　著	指出制造型企业管理的六大积弊；颠覆流行的错误认知；掌握精益管理的精髓	每一个企业都有自己不同的问题，管理没有一剑封喉的秘笈，要从现场、现物、现实出发
	比日本工厂更高效2：超强经营力 刘承元　著	企业要获得持续盈利，就要开源和节流，即实现销售最大化，费用最小化	掌握提升工厂效率的全新方法
	比日本工厂更高效3：精益改善力的成功实践 刘承元　著	工厂全面改善系统有其独特的目的取向特征，着眼于企业经营体质（持续竞争力）的建设与提升	用持续改善力来飞速提升工厂的效率，高效率能够带来意想不到的高效益
员工素质提升	**跟老板"偷师"学创业** 吴江萍　余晓雷　著	边学边干，边观察边成长，你也可以当老板	不同于其他类型的创业书，让你在工作中积累创业经验，一举成功
	销售轨迹：一位快消品营销总监的拼搏之路 秦国伟　著	本书讲述了一个普通销售员打拼成为跨国企业营销总监的真实奋斗历程	激励人心，给广大销售员以力量和鼓舞
	在组织中绽放自我：从专业化到职业化 朱仁健　王祥伍　著	个人如何融入组织，组织如何助力个人成长	帮助企业员工快速认同并投入到组织中去，为企业发展贡献力量
	企业员工弟子规：用心做小事，成就大事业 贾同领　著	从传统文化《弟子规》中学习企业中为人处事的办法，从自身做起	点滴小事，修养自身，从自身的改善得到事业的提升

续表

营销类:把客户需求融入企业各环节,提供“客户认为”有价值的东西			
	书名.作者	内容/特色	读者价值
营销模式	变局下的营销模式升级 程绍珊　叶　宁　著	客户驱动模式、技术驱动模式、资源驱动模式	很多行业的营销模式被颠覆,调整的思路有了!
	卖轮子 科克斯【美】	小说版的营销学!营销理念巧妙贯穿其中,贵在既有趣,又有深度	经典、有趣!一个故事读懂营销精髓
	弱势品牌如何做营销 李政权　著	中小企业虽有品牌但没名气,营销照样能做的有声有色	没有丰富的实操经验,写不出这么具体、详实的案例和步骤,很有启发
	老板如何管营销 史贤龙　著	高段位营销16招,好学好用	老板能看,营销人也能看
	动销:产品是如何畅销起来的 吴江萍　余晓雷　著	真真切切告诉你,产品究竟怎么才能卖出去	击中痛点,提供方法,你值得拥有
组织和团队	升级你的营销组织 程绍珊　吴越舟　著	用“有机性”的营销组织替代“营销能人”,营销团队变成“铁营盘”	营销队伍最难管,程老师不愧是营销第1操盘手,步骤方法都很成熟
	用数字解放营销人 黄润霖　著	通过量化帮助营销人员提高工作效率	作者很用心,很好的常备工具书
	成为优秀的快消品区域经理 伯建新　著	37个“怎么办”分析区域经理的工作关键点	可以作为区域经理的‘速成催化器’
	一位销售经理的工作心得 蒋　军　著	一线营销管理人员想提升业绩却无从下手时,可以看看这本书	一线的真实感悟
	快消品营销:一位销售经理的工作心得2 蒋　军　著	快消品、食品饮料营销的经验之谈,重点突出	来源于实战的精华总结
	销售轨迹:一位快消品营销总监的拼搏之路 秦国伟　著	本书讲述了一个普通销售员打拼成为跨国企业营销总监的真实奋斗历程	激励人心,给广大销售员以力量和鼓舞
	用营销计划锁定胜局:用数字解放营销人2 黄润霖　著	全方位教你怎么做好营销计划,好学好用真简单	照搬套用就行,做营销计划再也不头痛
	快消品营销人的第一本书:从入门到精通 刘　雷　伯建新　著	快消行业必读书,从入门到专业	深入细致,易学易懂
营销案例	解决方案营销实战案例 刘祖轲　著	用10个真案例讲明白什么是工业品的解决方案式营销,实战、实用	有干货、真正操作过的才能写得出来
	招招见销量的营销常识 刘文新　著	如何让每一个营销动作都直指销量	适合中小企业,看了就能用
	我们的营销真案例 联纵智达研究院　著	五芳斋粽子从区域到全国/诺贝尔瓷砖门店销量提升/利豪家具出口转内销/汤臣倍健的营销模式	选择的案例都很有代表性,实在、实操!
	中国营销战实录:令人拍案叫绝的营销真案例 联纵智达　著	51个案例,42家企业,38万字,18年,累计2000余人次参与……	最真实的营销案例,全是一线记录,开阔眼界
	双剑破局:沈坤营销策划案例集 沈　坤　著	双剑公司多年来的精选案例解析集,阐述了项目策划中每一个营销策略的诞生过程,策划角度和方法	一线真实案例,与众不同的策划角度令人拍案叫绝、受益匪浅

续表

产品	**产品炼金术Ⅰ:如何打造畅销产品** 史贤龙　著	满足不同阶段、不同体量、不同行业企业对产品的完整需求	必须具备的思维和方法,避免在产品问题上走弯路
	产品炼金术Ⅱ:如何用产品驱动企业成长 史贤龙　著	做好产品、关注产品的品质,就是企业成功的第一步	必须具备的思维和方法,避免在产品问题上走弯路
	新产品开发管理,就用 IPD 郭富才　著	10 年 IPD 研发管理咨询总结,国内首部 IPD 专业著作	一本书掌握 IPD 管理精髓
品牌	**中小企业如何建品牌** 梁小平　著	中小企业建品牌的入门读本,通俗、易懂	对建品牌有了一个整体框架
	采纳方法:破解本土营销 8 大难题 朱玉童　编著	全面、系统、案例丰富、图文并茂	希望在品牌营销方面有所突破的人,应该看看
	中国品牌营销十三战法 朱玉童　编著	采纳 20 年来的品牌策划方法,同时配有大量的案例	众包方式写作,丰富案例给人启发,极具价值
渠道通路	**快消品营销与渠道管理** 谭长春　著	将快消品标杆企业渠道管理的经验和方法分享出来	可口可乐、华润的一些具体的渠道管理经验,实战
	传统行业如何用网络拿订单 张　进　著	给老板看的第一本网络营销书	适合不懂网络技术的经营决策者看
	采纳方法:化解渠道冲突 朱玉童　编著	系统剖析渠道冲突,21 个渠道冲突案例、情景式讲解,37 篇讲义	系统、全面
	学话术　卖产品 张小虎　著	分析常见的顾客异议,将优秀的话术模块化	让普通导购员也能成为销售精英
	销售:如何与客户高层打交道 贺兵一　著	一套完整有效的销售策略	有工具,有方法,有案例,通俗易懂